師資培育白皮書解說
理念與策略

楊思偉、陳木金、張德銳、黃嘉莉
林政逸、陳盛賢、葉川榮

作者簡介

楊思偉（第1章、第3章方案28）

　　明道大學講座教授

　　曾任國立臺中教育大學校長、精緻師資培育機制實驗計畫負責人

　　學術專長：比較教育、高等教育、課程與教學、日本教育、中國大陸教
　　　　　　　　育、師資培育

陳木金（第3章方案13）

　　南華大學幼兒教育學系教授兼教學發展中心主任

　　曾任國立政治大學教育學系教授、國立政治大學師資培育中心主任

　　學術專長：校長培育、教師教育、教育領導、班級經營

張德銳（第3章方案14～18）

　　輔仁大學師資培育中心教授

　　曾任臺北市立教育大學教育行政與評鑑研究所教授

　　學術專長：教育行政、教學領導、教學視導、教師評鑑

黃嘉莉（第3章方案7～12）

　　國立臺灣師範大學師資培育與就業輔導處教授兼實習輔導組組長

　　學術專長：師資培育、課程與教學、教育社會學、西洋教育史

林政逸（第2章、第3章方案1～4、19～23、27～28）

　　國立臺中教育大學高等教育經營管理碩士學位學程副教授兼師資培育暨就業輔導處師資培育組組長

　　學術專長：高等教育人力資源管理、高等教育評鑑、教育行政學、師資培育、班級經營

陳盛賢（第2章、第3章方案21～22）

　　國立臺中教育大學教育學系助理教授兼師資培育暨就業輔導處教師教育研究中心主任、精緻師資培育機制實驗計畫負責人

　　學術專長：師資培育、國民教育制度、教育評鑑、性別教育、通識教育

葉川榮（第3章方案5～6、24～26）

　　國立臺中教育大學師資培育暨就業輔導處教師教育研究中心博士後研究員

　　學術專長：族群與文化、教育學、人類學、植物分類學、地理學、南島民族文化

序　言

　　「良師興國」，教師素質是奠定學生成就最重要的基礎，是教育革新成功與否的關鍵。我國向來重視教育，社會對於師資培育也賦予相當高的期待與標準。教育部為回應社會的期待，於 2012 年成立「師資培育及藝術教育司」，並於翌年發布「師資培育白皮書」，白皮書以「培育新時代良師以發展全球高品質的教育」為願景，以「師道、責任、精緻、永續」為核心價值，整全規劃「師資職前培育」、「師資導入輔導」、「教師專業發展」及「師資培育支持體系」四大面向、九項發展策略與二十八個行動方案，擘劃優質、精緻的師資培育，孕化能認識自我、瞭解社會脈動、發揮所長貢獻於國家與社會，且能關注國際情勢，善盡身為世界公民責任，具備教育愛、專業力、執行力的新時代良師。

　　本人擔任「師資培育白皮書」撰寫計畫主持人，並邀集陳木金、張德銳、黃嘉莉、林政逸、陳盛賢等學者擔任主要撰稿人，從 2010 年 10 月著手撰寫，至 2012 年 8 月結案，並於 2013 年 1 月 16 日經由教育部發布，撰寫期間長達三年，舉辦之各項會議達四十次以上（包含五次指導委員會，以及為期兩天之工作坊會議、北中南東四場公聽會，另有撰稿會議、焦點團體座談會等三十五次）。在這些會議中，邀集專家學者、中小學及幼兒園校長、園長、主任、教師，以及家長團體、教師團體、校長協會等政策利害關係人或團體出席，與會

人員基於關心師資培育的立場，對於「師資培育白皮書」的策略及未來走向提出多項建言，同時也對於師資培育中的一些教育爭議性問題，提出不同的見解與主張。因「師資培育白皮書」屬於國家未來十年的師資培育施政藍圖，內容觸及政策的擘劃說明，文字敘述要求精簡有效，因此對於各項發展策略或方案的產生過程以及討論重點，並無法清楚一一交代。有鑑於此，本書的出版除清楚交代本次「師資培育白皮書」撰寫的時空背景之外，也針對師資培育的理念、理想圖像、二十八個行動方案背景、方案重點、對方案的評論或未來作法加以闡述，希冀讀者對於「師資培育白皮書」的背景脈絡、師資培育理念、各項發展策略與行動方案都能有較整全的瞭解。

本書的出版，要感謝陳木金教授、張德銳教授、黃嘉莉教授、林政逸副教授、陳盛賢助理教授、葉川榮博士；其次，也感謝在「師資培育白皮書」撰寫期間，提供各項文獻與意見的教育部各單位以及專家學者。最後，感謝心理出版社林敬堯總編輯慷慨允諾出版本書，為我國師資培育政策再增添一份文獻，盼望本書的出版對修習教育學程的師資生、中小學與幼兒園教師，以及關心師資培育的專家學者、社會大眾，都能有所啟發與助益。

楊思偉 謹誌

2015年

目 次

圖 次

表 次

Chapter

師資培育政策背景

• 楊思偉

　　「國家的未來在教育，教育的品質在良師」，教師素質是奠定學生成就最重要的基礎，教師素質的高低攸關教育成敗。邁入全球化的時代，應培養高素質的教師，以培育具有健全人格、公民素養及終身學習能力的下一代，建立良善社會價值與優質公民品格，始能適應全球化挑戰。

　　我國師資培育以往僅由師範校院負責，1994 年《師資培育法》通過，中小學師資可由師範校院及設有教育院、系、所或教育學程之大學培育，使得我國的師資培育從一元化朝向多元化發展，由以往《師範教育法》時代的「計畫式培育」，改為《師資培育法》的「儲備式培育」，而師資培育也由全部「公費」改為「自費」為主（秦夢群，1997）。

　　綜觀我國師資培育政策經歷跨時代的變革，從原本一元化、計畫性、分發制，並以師範校院為主的培育方式，已經朝向多元化的師資培育政策發展，且以儲備性和甄選制選用師資。師資培育制度改變以來，師資養成與教師專業呈現了嶄新的面貌，具有以下特點與成果（教育部，2013）：

1. 擴展師資培育機構的多元面貌。一元化的師資培育時期，僅有師範大學、師範學院及政治大學的教育學系具有師資培育的資格，《師資培育法》通過後，各大學校院均可申請設立學程培育師資，擴展了師資培育機構的多元面貌。

2. 中小學與幼兒園的校園文化生態更加豐富多元。《師資培育法》通過後，師資培育改為多元管道培育，只要有意願擔任教師者，均可透過修習教育學程的機會擔任教職，增加教師的來源管道，使中小學、幼兒園的校園生態與教師文化更加豐富多元。

3. 辦理教師資格檢定考試以確保師資生素質。2002 年《師資培育法》修正案通過，教師資格取得方式改為修畢師資職前教育之師資生必須通過教師資格檢定考試，方能獲得教師證書，可確保教師基本素質。

　　雖然師資培育多元化之後產生上述成果，然而也產生一些問題。多元化的師資培育政策原本是要打破師範校院獨占師資培育的市場，並且希望藉由多元化、多管道的師資培育競爭，來達到師資培育優質化、卓越化的目標；換言

之，這樣的師資培育政策多少隱含著希望藉由市場機制、透過競爭來提升中小學教師的素質。然而，教育終究不是商品，市場也有失靈的時候，從《師資培育法》實施以來，不僅原本各師範校院擴增師資培育數量，各大學也競相開設教育學程、設立師資班，培育大量的師資，再加上近幾年出生率下降，「少子女化」的現象嚴重，造成師資培育量供過於求的局面。

其次，師資培育模式改為多元化與儲備制，雖使教師文化更趨多元，教師素質更受關注，但卻因社會變遷快速，例如：面臨高齡化與少子女化、終身學習時代來臨、學校與家庭生態改變、本土意識抬頭，師資培育面臨重大挑戰，如師資培育供需失衡、教育實習未能落實、教師專業發展缺乏激勵與評鑑機制等，而必須有所革新與創新。

面對師資培育環境劇烈的變化與挑戰，教育部為確保師資培育「專業化」和「優質化」目標，2004 年委託中華民國師範教育學會，依據師資養成、教育實習、資格檢定、教師甄選及教師專業成長等五個層面，研擬具體策略和目標導向之行動方案，提出「師資培育政策建議書」，教育部依據此內容，於2006 年 2 月 23 日公布「師資培育素質提升方案」，以推動完整性的師資培育改革；三年後，教育部鑑於師資環境的變化，又於 2009 年 9 月 9 日發布「中小學教師素質提升方案」。

2010 年 8 月 28 日及 29 日，第八次全國教育會議之「師資培育與專業發展」中心議題，提出「研訂發布『師資培育白皮書』，擘劃完整師資培育發展藍圖（含職前培育、實習檢定及證照、在職進修、教師評鑑及進階制度等）」，廣徵輿論進行專業對話，擬彙整社會各界的意見，提出周延、具體與可行之師資培育革新計畫。第八次全國教育會議將「師資培育與專業發展」之第七中心議題聚焦在「我們如何確保教師素質良善？」之討論，用以面對1994 年以來的多元化師資培育發展，深思我國師資培育政策的五個問題：現今的教師符合社會的期待嗎？師資生是否適量優質？師資培育之大學是否能穩定培育優質師資？在儲備師資人力充沛的當下，各地的師資素質是否均質公平？以及面對知識快速變遷的時代，教師專業發展應如何建立體系化、終身化

的理想？此五個問題亦與該次全國教育會議之「新世紀、新教育、新承諾」願景及「精緻、創新、公義、永續」四大主軸互相呼應。

　　基於上述的思維架構，第八次全國教育會議在第七中心議題中秉持「提升教師素質，建立良師典範」之議題精神，論述五項子議題：

　　1. 孕化教育志業良師，形塑師道專業典範。

　　2. 確立教師品保機制，宏觀發展師資質量。

　　3. 整合師資培育資源，導引創新師資培育模式。

　　4. 建構充裕公平環境，優化偏鄉教師素質。

　　5. 強化教師進修機制，促進教師專業發展。

　　另外，第八次全國教育會議第七中心議題也提出五項焦點議題，包括：

　　1. 研訂發布「師資培育白皮書」，擘劃完整師資培育發展藍圖（含職前培育、實習檢定及證照、在職進修、教師評鑑及進階制度等）。

　　2. 以近三年教師甄選平均錄取人數之適當倍率（如 2.5 倍）為基準，評估每年的師資培育總量。

　　3. 教育部於《教師法》中列入訂定中小學教師評鑑辦法之法源，並即推動訂定「教師專業標準」及「教師專業表現標準」，以做為教師評鑑之依據；另就現行推動之「教師專業發展評鑑要點」中的相關機制（含評鑑工具、評鑑人員等）事項與教師評鑑相輔相成之措施妥為研議。

　　4. 2011 年推動「師資培育精緻大學方案」，並擇優選定二至三所師資培育精緻大學。

　　5. 鼓勵新進及現職教師在職進修，以提升教師專業知能。

　　為落實全國教育會議的結論與建議，且因應教育部成立「師資培育及藝術教育司」，並發揮良師引領社會進步的功能，教育部於 2010 年 10 月召開「研商師資培育白皮書會議」，並組成工作圈及指導委員會，著手研訂「中華民國師資培育白皮書」（以下簡稱「師資培育白皮書」），本次「師資培育白皮書」重要的思維改變方向如下：

　　1. 師資培育的面向不僅是師資職前教育，而是包含師資職前教育與教師在

職專業發展。

2.師資培育的範疇不僅是培育教師，也要包含相關的專業支持體系。

3.師資培育的培育機構不僅是師資培育大學，也要包含中小學及幼兒園學校的培用網絡。

4.師資培育的內容不僅是提供教育專業學分，更要協助師資生發展師道品德，並強化學科教學能力。

5.師資培育的對象不單是高級中學以下教師，也包含大學教師以及學校教育的相關專業者，例如：學校行政人員、課後照顧服務人員等。

6.師資培育的思維不是單面向的關注，應以系統化與整體化的結構規劃。

　　本次「師資培育白皮書」以「培育新時代良師以發展全球高品質的教育」為願景，以及「師道、責任、精緻、永續」為核心價值，透過分析社會變遷、國際趨勢及現行相關政策，析釐師資培育面臨的問題與挑戰，結合總統宣布之黃金十年國家發展藍圖，建構師資培育的理想圖像、願景與目標，輔以整全規劃之「師資職前培育」、「師資導入輔導」、「教師專業發展」及「師資培育支持體系」四大面向、九項發展策略與二十八個行動方案，擘劃優質、精緻的師資培育，希冀開創未來璀璨的師資培育黃金十年。

　　本次「師資培育白皮書」從 2010 年 10 月著手撰寫，至 2012 年 8 月結案，並於 2013 年 1 月 16 日經由教育部發布，撰寫期間長達三年，舉辦之各項會議達四十次以上（包含五次指導委員會，以及為期兩天之工作坊會議、北中南東四場公聽會，另有撰稿會議、焦點團體座談會等三十五次）。在這些會議中，邀集專家學者、中小學及幼兒園校長、園長、主任、教師，以及家長團體、教師團體、校長協會等政策利害關係人或團體出席，與會人員基於關心師資培育的立場，對於「師資培育白皮書」的策略及未來走向提出多項建言，同時也對於師資培育中的一些教育爭議性問題，提出不同的見解與主張。因「師資培育白皮書」屬於國家未來十年的師資培育施政藍圖，內容所提屬於政策的擘劃說明，對於各項發展策略或方案的產生過程以及討論重點，並無法清楚一一交代。有鑑於此，本書的出版除清楚交代本次「師資培育白皮書」的產生

時空背景之外，也針對師資培育的理念、理想圖像、四大面向、九項發展策略與二十八個行動方案（如圖 1-1 所示），以及在各次會議中討論的重點或是爭議的問題進行說明，同時也透過「師資培育白皮書」工作圈研究團隊針對二十八個方案的方案背景、方案重點、對方案的評論或未來作法加以闡述，希冀讀者對於「師資培育白皮書」的背景脈絡、師資培育理念、各項發展策略與行動方案都能有較整全的瞭解。

參考文獻

秦夢群（1997）。**教育行政：實務部分**。臺北市：五南。
教育部（2013）。**中華民國師資培育白皮書**。臺北市：作者。

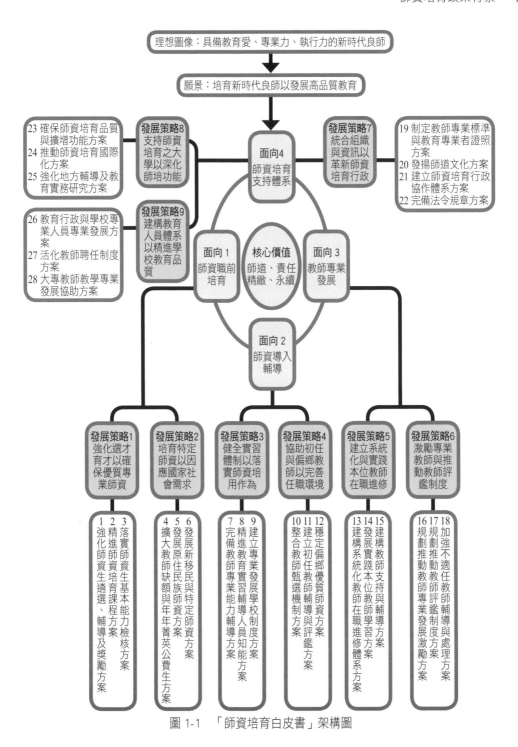

圖 1-1　「師資培育白皮書」架構圖

Chapter 2

師資培育理念與圖像

・陳盛賢、林政逸

一、師資培育理念

　　1994年，我國的師資培育政策由計畫制、公費制、政府分發制、師範教育體系為主的師資培育模式，改以儲備制、自費制、檢定甄試制的多元師資培育模式，師資養成與教師專業固然呈現了新的面貌，卻也產生了新的問題，加以社會變遷快速，教育及師資培育制度面臨了新的挑戰。以下就師資培育之理念，加以說明。

（一）社會變遷下師資培育必須有所因應

　　我國已邁入高齡化與少子女化社會，國家不僅需要「教師」，更需要「專業良師」；終身學習社會的來臨，國家不僅需要「職前師資培育」，更需要「教師專業的永續成長」；學校與家庭生態改變，教師不僅需要「教學」，更需要「教人」；本土意識抬頭以及全球化與永續化時代來臨，我們更需要一位新時代的教師。基於此，未來應以「管道多元、條件專業、獎優汰劣」作為師資培育的發展堅持，並以「教師專業本位」為核心，統攝職前培育、教師進用、專業成長之教師職涯歷程，制定優質適量與專業永續之師資培育政策。

（二）落實全國教育會議，擘劃「師資培育白皮書」

　　有鑑於社會對良師的強烈企盼，教育部於2010年8月28日及29日召開之第八次全國教育會議，將「師資培育與專業發展」納為十大中心議題之一，以擘劃未來十年的師資培育發展，並於會後提出五項焦點議題，其中第一項為研訂發布「師資培育白皮書」，以擘劃完整的師資培育發展藍圖，包含：職前培育、實習檢定及證照、在職進修、教師評鑑及進階制度等。

（三）依據黃金十年的前瞻規劃，訂定師資培育發展主軸

　　為落實全國教育會議的結論與建議，且因應教育部成立「師資培育及藝

術教育司」，擘劃「師資培育白皮書」，做為未來十年師資培育施政的藍圖。其次，教育部「師資培育白皮書」以「培育新時代良師以發展全球高品質的教育」為願景，以「師道、責任、精緻、永續」為核心價值，整全規劃「師資職前培育」、「師資導入輔導」、「教師專業發展」及「師資培育支持體系」四大面向、九項發展策略與二十八個行動方案，擘劃優質、精緻的師資培育，孕化能認識自我、瞭解社會脈動、發揮所長貢獻於國家與社會，且能關注國際情勢、善盡身為世界公民責任的教師。

（四）師資培育政策的新亮點

本次「師資培育白皮書」具有以下與以往白皮書不同的亮點：

1. 建立教師專業標準，統攝師資培育與專業發展。
2. 形塑重視師道與關懷倫理的教師文化。
3. 強調以研究與證據為本的師資培育政策。
4. 菁英師培公費生重振師資培育發展。
5. 建立專業發展學校制度，以協同培育高素質師資。
6. 形成系統化教師專業發展體系與實踐本位的教師學習系統。
7. 推動師資培育大學之精緻特色發展計畫與師資培用合作體系。
8. 規劃師資培育及藝術教育司工作內容，以統整推動師資培育政策。
9. 推動教師評鑑以確保教學效能。
10. 強化不適任教師的輔導與處理作為。
11. 協助大專校院教師專業成長。

二、師資培育理想圖像

教師在華人社會文化中是特別受重視的專業，其特殊性在於他們的工作對象是尚在發展中的幼兒、兒童或青少年，其主要任務是協助尚在發展中的學生發展潛能、進行自我實現與善盡社會責任。雖然時代變遷快速，一般大眾對

於教師在社會上的地位與形象觀感或有差異，但是我國社會文化對教師的尊榮地位、教師的教育責任，以及教師的角色功能，並不會因為時代變遷而有大幅改變。今日社會大眾對教師的期待，雖然不是「聖職者」，但仍給予高道德標準之期待。目前《工會法》已經修正公布，教師可以籌組工會，但社會大眾仍期望教師是專業職能工作者，而不是「勞動者」；再者，依據國際趨勢及國內的社會價值觀念，教師應被定位為「專業者」形象，發揮教育專業角色，致力培育國家社會人才。

（一）教師圖像與核心內涵——具備教育愛、專業力、執行力的新時代良師

新時代良師具有教育愛、專業力與執行力（如表 2-1 所示），以實現師資培育的願景，發展高品質教育。

表 2-1　教師圖像及其核心內涵表

教師圖像	核心內涵		
富教育愛的人師	洞察（insight）	關懷（care）	熱情（passion）
具專業力的經師	國際觀 （international perspective）	批判思考力 （critical thinking）	問題解決力 （problem solving）
有執行力的良師	創新能力 （innovation）	合作能力 （cooperation）	實踐智慧 （practical wisdom）

資料來源：教育部（2013）

（二）核心價值——師道、責任、精緻、永續

師資培育應發揮下列四項核心價值（教育部，2013）（如圖 2-1 所示）：

1. 師道：每位教師發揮出社會典範精神。
2. 責任：每位教師致力於帶好每個學生。
3. 精緻：每位教師用心在提升教育品質。

4. 永續：每位教師熱切傳承與創新文化。

圖 2-1　新時代教師圖像

　　今日，社會期待教師不只是一位站在講臺前「授業」的經師，還要能對於學生「傳道、解惑」，導引學生認識自我，瞭解社會價值，關注國際政治、經濟、教育、環保、科技等情勢，因此未來的教師應以「良師」理念，承諾這份使命、傳承與創新，共同迎接新的百年教育。再者，希望在充沛的師資儲備量中，建立「精緻」的師資培育教育；在多元化師資培育之大學中，運用師資培育精緻大學的力量，發揮「創新」導引及中堅穩定的功能；讓更優質的教師人力投入偏鄉地區，建構出充裕公平環境，達成教育的「公義」理想；不斷提升在職教師專業，讓教育能夠「永續」發展。

（三）師資培育圖像──兼具「專業標準本位」與「師資培用理念」的師資培育體系

1. 建立教師專業標準，統攝師資培育與專業發展

　　我國教師雖具有較高的社會地位，但因面臨政治、經濟、社會等大環境的變遷，更加多元複雜的校園生態，以及個別差異更大的學生，對於教師的角色期待、職責、使命感等也更高；因此，實有必要透過相關制度與政策的推動，

確保師資素質的有效提升。其中，制定專業標準與專業表現指標，能導引整個師資培育更為專業化，以精進教師專業素質、提升專業形象，此有其必要性與重要性。

教育部於 2010 年 8 月 28 日及 29 日召開第八次全國教育會議，將「師資培育與專業發展」納為十大中心議題之一，以擘劃未來十年的師資培育發展。此次會議重點之一在於推動訂定「教師專業標準」及「教師專業表現指標」，發展教師評鑑相關機制。此外，依據教育部 2011 年發布之「中華民國教育報告書」第伍項方案「精緻師資培育素質」之具體措施，提及應成立教師專業標準及表現指標專案小組，規劃推動師資職前培育及在職教師專業表現檢核基準；依據「教師專業標準」及「專業表現指標」，落實師資生特質衡鑑及輔導機制，以精進師資培育課程、教育實習及教師資格檢定，發展教師專業成長、教師評鑑檢核指標。

綜合前述，教師專業標準係以教師專業屬性為核心所架構之參照機制，具有引導教師培育、教師專業實踐、教師能力認證、教師成長進修規劃與職涯發展等多方面功能，以下分述之。

(1) 研訂國民小學教師專業標準，引領專業標準本位的師資培育

為建立教師終身專業學習的圖像，建立專業標準本位的師資培育，透過規劃研訂「教師專業標準」及「教師專業表現指標」，推動師資職前培育、師資導入輔導及教師專業發展表現檢核基準，使師資培育歷程一貫化，而形成師資職前教育、實習導入教育、教師專業發展等三個師資培育歷程的連結關係，精進師資培育與專業發展歷程，確保教師專業能力，維護學生受教權，提升教育品質。

(2) 導引師資職前培育朝專業化方向發展

透過規劃研訂「教師專業標準」及「教師專業表現指標」，並建立各學習領域／群科之教師專業標準與教師專業表現指標，建構各學習領域之教師專業標準與教師專業表現標準之評量工具，發展各學習領域／群科之專門課程，導

引整個師資培育更為專業化。

2. 培用理念的政策運作網絡：師資培育品質提升的圖像

　　師資培育是教育之母，有一流優質專業的師資，才有一流優質卓越的教育。師資培用合作之作為，是符應師資培育的本質，目的在於精進教育之永續，培育具教育志業抱負的優質師資；其範疇應兼重職前培育與在職專業成長，以全方位視野，連結師資培育之大學、中小學／幼兒園教學現場、教育行政單位，達成三位一體，同心協力，培育能教、會教且願意教的優良教師。

　　師資培用聯盟之運作，一方面是以「師資培育夥伴關係」，結合中央行政機關、師資培育之大學、地方行政機關、學校等四個方面的關係，聯繫教育專業組織共同成為師資培育政策推動網絡；另一則是以啟動「培育」與「致用」合作循環機制，貫穿師資職前教育、實習導入教育、教師專業發展等三個師資培育歷程。以下就「師資培育夥伴關係」以及師資培育的「培育」與「致用」，加以概要說明。

　　師資培用聯盟之運作，係以建立密切的師資培育夥伴關係為目標，以構成完善的師資培育政策運作網絡，此結合中央行政機關、師資培育之大學、地方行政機關、學校等四個方面的關係，聯繫教育專業組織，啟動「培育」與「致用」合作循環機制，透過「規劃前瞻，執行確實」的教育行政機關，融入「專業領航，立場超然」的教育專業組織，主要導引「管道多元，條件專業」的師資培育之大學與「文化傳承，教學創新」的學校攜手合作，以建立師資培育之大學與學校教學現場之間在師資培育的雙向績效責任制度，並營造教育行政機構可以充分支持師資培育大學、學校教學現場的環境，建構師資培用政策運作網絡，建立師資培育之大學、中小學／幼兒園教學現場、中央與地方之教育行政單位、國教輔導團等單位對於師資培用工作之責任感，藉由共同研商、協調、合作，以開創多元、優質之典範教學，並能共同進行教育研究，以建構出完整的地方教育輔導，培育出帶著心能、位能、動能的新時代良師。

　　其次，師資培育的「培育」與「致用」是一個師資培育的合作循環機制，

植基於「教師專業標準本位」。「培育」與「致用」的不斷循環合作歷程如同一環狀螺旋機制,缺一環而不可完善,透過師資「培」「用」機制,真正強化培育端與致用端之間的溝通合作,建立典範教學,導引師資培育創新。

在師資職前教育階段,為奠定「培育」與「致用」之基礎,促進師資培育之大學的教育專業課程臨場化,輔導師資生成為真正具有教育實踐力的「新手專家」。

在實習導入教育階段,為連結「學理」與「實證」之重要機轉,強化「教育實習三聯關係」,即實習指導教師與實習學生之「指導關係」、師資培育大學與實習機構之「夥伴關係」,以及實習輔導教師與實習學生之「輔導關係」,以深化實習學生教學知能,落實優質之教育實習。

在教師專業發展階段,則是「致用」與「培育」之輔成,期許教師在教學相長之生涯歷程中,不斷累積知識與經驗,省思專業不足,尋求師資培育之大學專業協助,進而轉化為個人實踐智慧,又可協助師資培育之大學開啟新一環的師資培用循環。

參考文獻

教育部(2013)。**中華民國師資培育白皮書**。臺北市:作者。

Chapter 3

各行動方案說明

方案 **1**

強化師資生遴選、輔導及獎勵方案

・林政逸

一、方案背景

　　回顧我國的師資培育政策，為因應世界各國多元師資培育潮流，鼓勵有志教育工作者投入教職行列，1994 年《師資培育法》取代《師範教育法》，師資培育走向多元化，至 2004 年為止，全國師資培育之大學增加至七十五校，此後因應儲備教師過多與少子女化問題，迄至 2010 年為止，師資培育之大學減至五十四校。

　　師資培育之大學增加之後，使師資培育管道以及師資來源多元化，帶動教育相關科系及學院之成長，為師資培育及教育學術研究增加許多研究成果，其貢獻值得讚揚。一般大學之教育學程部分，以往曾擁有相當榮景之時刻，學生選課人數眾多，篩選倍率很高，為國家培養許多儲備教師。但自從 2005 年以後，從小學學程開始，目前也影響至中學學程及其他類別學程，因就業困難，所以無法招到較多優秀學生進入師資生行列，甚至因招不足學生，教育學程紛紛停辦，或轉型為教育相關系所，或成立教育學院，這對師資培育及各相關大學之發展，也造成相當的衝擊與影響。

　　另一方面，受到近年來少子女化的影響，教師缺額需求大減，師資生擔任教職機會減少，不僅造成中小學、幼兒園教師面臨供需失調，產生過量儲備教師的問題，也影響師資培育者與師資生的士氣，進而影響優秀人才投入教育工作之意願。

　　由於少子女化的衝擊，在歷經多元開放培育背景下，帶來師資儲備人員擴增、師資需求量緊縮和超額教師的壓力等教育現況，未來需追求提供適量且卓越的師資、平衡師資供需、落實獎優汰劣、強化公費生培育制度，以吸引家境清寒之優秀學生投入教師行列，兼顧師資培育「質」與「量」並重。

二、方案重點

　　本方案共有四項重點，以下分別加以說明。

（一）激勵優秀學生參加師資培育

　　教師的素質良窳，不僅攸關學生學習及學校辦學的成敗，也會間接影響到國家的人力素質，因此，世界各國無不致力於提升教師素質。惟我國因受到整體大環境的改變，少子女化造成中小學／幼兒園教師的缺額大減，再加上近幾年師資培育過量，師資培育供過於求，師資生擔任教職的機會相對較低，再加上報章媒體經常報導流浪教師（儲備教師）的新聞，導致優秀學生不願意投入修習教育學程。長此以往，不僅導致師資培育之大學招收師資生有困難，更嚴重的是將造成師資生的素質弱化。

　　師資培育之大學在師資培育士氣較為低迷之際，基於對師資培育的使命感，不僅不能懷憂喪志，反倒應該加強與普通高中、完全中學、綜合高中及高級職業學校的聯繫，透過舉辦說明會、體驗活動（如教育營），提供高中職學生試探其擔任教職的性向，以鼓勵成績優秀、對教育具有熱忱、具有教育愛的學生修習教育學程，投入教師行列。

（二）推動師資生遴選標準流程

　　師資生的素質與任職意願會影響未來擔任教育工作的表現，因此在甄選師資生時，除了希望師資生具有良好之學業成績外，亦需考量師資生之人格特質、溝通技能、學習意願與任教意願等，研擬一套合宜之師資生遴選機制，並

涵蓋其能力、性向、特質層面之教師專業意向等評量方式，以篩選出對教育理念有一定認知且具有良好德行的學生，並預先淘汰人格特質明顯不適合擔任教職者。各項程序設置與遴選工具的利用，均是為了能從眾多學生中遴選出較具潛力且能成為理想教師的學生，透過各項師資養成課程與實務訓練，期盼這些學生未來能成為有效能的優質教師。

（三）推動師資生的師徒制輔導措施

現行的師資培育方式，較被詬病的是僅著重於教育學分的修習，對於師資生的品格以及人文素養則較不受重視。為導正這個問題，方案一提出希望推動師資生的師徒制輔導，由教育學程教學專業經驗豐富的大學教授或中小學、幼兒園教師擔任師傅的角色，帶領師資生以進行典範經驗傳承。藉由師資生師徒制度之建立，強化師資生發展及維持其專業態度，並建立師資生彼此合作成長方式，以培養師資生成為經師、人師、良師之目標。

其次，各師資培育之大學應建立師資生輔導預警機制，針對師資生之每學期表現進行追蹤，若有師資生表現不良或參與教育相關活動不積極者，可透過師傅加以輔導，並通知該生所屬學系系主任或導師，先請系主任或導師瞭解該生狀況，再進一步由師資培育暨就業輔導中心之師資培育組組長、承辦人員進行輔導，且將輔導過程做成正式紀錄，以持續追蹤表現不佳的師資生表現。

（四）建立師資生獎勵制度

為激勵師資生有優秀表現，師資培育之大學應建立相關獎勵制度，如提供優秀師資生獎學金；其次，榮獲教育部核發卓越儲備教師證明書者，各縣市教育局（處）在辦理教師甄試時，應給予加分、優先聘用。透過這些物質或精神上的獎勵，以鼓勵表現優秀的師資生。

三、方案評論

對於強化師資生遴選、輔導及獎勵等確保師資生素質的措施，未來可以朝以下方向發展。

（一）適度增加中小學、幼兒園教師缺額，暢通師資生就業管道

因目前師資培育仍存在供需的問題，適度增加教師缺額，打通現行師資培育供過於求的環節，以吸引優秀學子投入師資培育行列，才是正本清源之道。基於此，未來因社會少子化現象持續，教育部宜賡續推動「師資培育數量調控計畫」，以合理管控師資培育數量；另一方面，因各縣市控管中小學教師員額比例過高，未來也應該加以調降，釋放出較多正式教師缺額，以暢通就業管道，此方能吸引優秀學生加入師資培育的行列。

（二）強化師資生對於教師志業的承諾

為避免師資生從事教職僅僅是基於經濟因素，或僅出自於教師工作穩定、有保障的動機，而缺少對於教師志業的承諾；各師資培育之大學在對高中職學生宣導時，除了強調教師工作的薪資、待遇、保障之外，更應著重學生對於從事教職的動機，讓學生之所以願意投入師資培育行列，是基於對教師志業的承諾，是對於教育工作有一份使命感，如此才能吸引真正具有教育熱忱、具有教育愛的學生投入教師行列。

（三）建立師資生培育過程的淘汰機制

為確保師資培育之素質，除了強化師資生的甄選之外，在師資生的培育過程也必須建立淘汰機制，如成績方面可考量設定門檻，例如：每學期學業成績須達 70 分以上；在德行方面，師資生不得有記過以上之處分；在教學能力的強化方面，所有師資生在畢業之前都須經過教學演示及格。透過這些機制，

以確保師資生不論在品德、成績或教學能力上，都能具有一定的水準。

（四）強化師資生教育實務經驗

　　關於對師資生之輔導，各師資培育之大學可規劃聘請教育實務經驗豐富之現職或退休中小學校長及主任、幼兒園園長，擔任師資生之師傅。透過個別指導之方式，師資生能從每次的輔導活動中，瞭解未來欲擔任教職所將面臨到的問題，舉凡班級經營、教學實務、教師資格檢定及教師甄試等，均能從師傅的輔導過程中獲得詳細的解答。

方案 **2**

精進師資培育課程方案

・林政逸

📓 一、方案背景

　　師資培育課程存在的問題，可以從 2010 年第八次全國教育會議提及「師資培育與專業發展」的六項問題中得知。這六項問題中有三項與師培課程有關，分別是：(1) 教育專業養成潛在課程闕如；(2) 學生學習活動缺乏系統性；(3) 職前師資培育課程理論化。其次，第八次全國教育會議子議題二：「確立教師品保機制，宏觀發展師資質量」的結論暨建議事項第六點也建議：「結合教育學程檢討各階段類別師資職前教育課程內涵與學分數，強化學生統整課程能力、現場體驗、現場教學暨服務學習等面向之師資職前培育課程，以符應中小學教師教學實際需求」（教育部，2010）。這些建議主要是希望師培課程可以兼重理論與實務，讓師資職前教育課程可實際落實於學校現場。

　　本方案分析師培課程之問題，主要有二：第一是「師資職前教育課程有待系統化整合」，例如：教育專業課程較偏重理論，實務教學內容不足；學科專門知能與中小學教材內容之間的結合度不足；學科教學知能的課程設計不足。其次，各教育階段師資因面臨不同的學校環境及不同階段的學生，所需要的專業知能亦不同，因此所需要具備的專業能力也需要再精進與強化，例如：國小教師因為擔任導師的機會很大，必須強化教師的包班教學能力與學科教學能力，以符應學校與班級教學的需求。

　　此外，為重振師道文化，涵養師資生具備教育愛與教育熱忱，本方案也

特別強調強化教師志業精神。而為符應社會變遷趨勢，產生各項新興議題，在師培課程中也必須培養師資生具備議題融入教學的能力。

二、方案重點

　　師資培育課程最主要在於培育師資生兼具學科內容知識、學科教材教法能力與教學實務專業能力，以國小教師之培育為例，師培課程希望以七大學習領域為主要之國小教師包班教學能力培育，並以學科內容知識範疇與學科內容教學範疇的搭配方式，確保學科教學能力的有效培育。另外，本方案也特別強調教師的實務經驗與實務教學能力，因此師資培育之大學可規劃「教育參觀」、「課程教學見習」、「教材教法實地學習」、「職前教育試教實習」等循序漸進之實務教學學習階段，強調透過師資生於學校現場學習實務，銜接教育專業課程與專門課程，以落實職前教育實習課程。

　　其次，為培養師資生之教育志業心，提高師資生對於教育的承諾，本方案也強調要透過服務學習、弱勢學生課輔等活動，培養師資生的關懷心與服務熱忱；而本方案認為，因現行師資培育課程缺乏教育專業養成潛在課程，未來將在原先的普通課程內，設計有關「師道文化」課程，並強化師資職前潛在課程的內涵。

　　再者，因各教育階段教師面臨的學生身心特質與發展階段不同，因此所需的教育專業能力也有所不同，必須透過相關課程予以強化。以幼兒園師資為例，因應 2012 年起的幼托整合教育政策，幼兒園教師及教保員皆必須修習「教保專業知能課程」；國民小學教師必須強化包班教學能力，亦即至少要專精國語、數學以及一個學習領域的教學；中學教師部分，因國、高中生正值青春期及自我探索階段，所以中學教師除具備學科任教能力之外，還需具備生涯輔導、性別平等教育、輔導知能等專業素養。

三、方案評論

　　為強化師資生實務教學能力，且因應十二年國民基本教育與幼托整合，教育部於 2013 年修正發布《師資職前教育課程專業課程科目及學分對照表實施要點》，此要點有三項修正重點：

　　首先，因幼托整合後，幼教師資、教保員需同時擔負教育及照顧責任，兩者的培育課程也應整合，因此教育部將幼教師資課程納入教保專業知能課程，幼兒園師資類科應修學分數從二十六學分調整為四十八學分。

　　其次，為因應十二年國民基本教育政策於 103 學年度正式實施，教育專業課程增列「教育議題專題」、「教師專業發展」等科目，增列「補救教學」和「適性教學」（分組合作學習、差異化教學）等選修科目，教育方法課程也從過去至少三科六學分，增加為五科十學分。

　　另外，強化實地學習，師資生必須到中小學現場見習、試教等實地學習至少五十四小時。實地學習與半年的教育實習不同，主要是讓師資生及早培養實務教學能力，各師資培育之大學必須安排師資生在就學期間到中小學及幼兒園，進行見習、試教、實習、補救教學、課業輔導或服務學習等，希望強化師資生的實務教學能力。

參考文獻

教育部（2010）。**教育部電子報：第八次全國教育會議中心議題壹至拾結論建議**。2013 年 11 月 16 日，取自 http://epaper.edu.tw/topical.aspx?topical_sn=482

方案 **3**

落實師資生基本能力檢核方案

・林政逸

一、方案背景

　　本方案的主要目的在落實師資生基本能力檢核，方案之背景在於目前師資培育被批評為僅重視師資職前教育課程學分的修習，對於師資生是否具有教育熱忱與教育愛，則較為忽略。事實上，一位卓越師資生之培育，除了要加強學生的學業成績之外，對於學生之品德、領導力、服務熱忱及人文素養等方面，也應當提升，如此才可培育出「全人」的卓越教師。特別是在較為功利取向的現代社會，為形塑具有教育愛與關懷倫理的師道，師資培育之大學應特別重視師資生的品格教育與服務學習活動，透過辦理敬師儀式，以傳承文化道統及尊師重道精神，以培育具有教育愛、從事教職盡心盡力的優秀師資生，傳承良師典範。

　　其次，目前師資培育的問題尚缺少對於師資生是否具備各項基礎能力之檢核機制，畢竟透過檢核機制，方能瞭解師資生是否具備教學方面的基礎能力，例如：英語能力、資訊能力等。再者，因各師資培育之大學缺少師資生的淘汰機制，除非師資生因個人因素放棄修習教育學程，否則無法淘汰缺少教育熱忱或是教育專業知能的師資生。

二、方案重點

本方案的重點有三,說明如下:

第一是「確保師資生具有基礎能力」。師資生為勝任未來的教學工作,必須具備一些重要的基礎能力,例如:良好的中文能力、英文能力。其次,因為資訊化及網路時代的來臨,師資生也必須具備一定的資訊素養,以及將資訊融入教學的能力。上述這些能力的檢核,可以透過各師資培育之大學自行發展的檢定測驗,或是要求師資生通過具有公信力的機構辦理之檢定。

第二是「建立師資生培育過程的淘汰機制」。師資生的培育過程,除了希望吸引優秀學子修習師培課程,在培育過程中,對於敬業精神不佳、品德表現不良或是課業成績表現未能達到標準之師資生,各師資培育之大學也應設定門檻加以淘汰,以確保師資培育之品質。

第三是「發展師資生的學習與專業發展檔案系統」。透過學習與專業發展檔案系統,師資生可以整理、反思、比較個人及同儕學習的歷程、多元的成果以及進步之情形,完整呈現透過師資培育使師資生成長茁壯之過程。

三、方案評論

對於師資生基礎能力之檢核與淘汰機制,除了必備之語言能力、資訊使用能力之外,也應要求師資生學業成績、德行成績、服務學習時數應達一定標準,畢業前必須取得教學基本能力證照。另外,為強化師資生教學能力,以及進行教學實務行動研究之能力,亦可透過教學演示、小論文的撰寫或研究計畫的提出等方式,檢核師資生畢業前是否具備未來擔任教師之基本能力。

其次,建立師資生之淘汰機制雖然重要,但師資培育之大學亦應建立相對應的輔導機制,在師資生面臨困難時給予積極之協助,例如:可建立師資生輔導教師制度,瞭解每位師資生之學習狀況及生涯規劃等,並給予適當的建

議；藉由師生互動活動，亦可掌握與輔導學業有困難或表現不佳之師資生。另外，也應建立師資生輔導預警機制，針對師資生各學期表現進行追蹤，若有成績表現不良或不積極參與師資生相關活動的學生，除了透過師生聚會時間加以輔導外，亦應通知該生所屬的學系系主任或導師，先請系主任或導師瞭解師資生狀況，進一步再由師資培育中心進行輔導，且將輔導過程做成正式紀錄，以持續追蹤表現不佳師資生的表現。

方案**4**

擴大教師缺額與年年菁英公費生方案

・林政逸

一、方案背景

　　本方案有兩項重點：第一是師資供需失去平衡。以師資供給而言，師資培育多元化之後，師資培育管道增加造成師資供給大增，依教育部《2012 年中華民國師資培育統計年報》的資料顯示：師資培育量最高峰為 93 學年度的 21,805 個名額，至 101 學年度各師資類科核定師資生招生人數總計 8,746 人，實際學生數總計為 8,131 人（教育部，2012）。另一方面，隨著師資培育供給大增，但是在師資的需求方面，卻因為面臨少子女化的現況，導致師資缺額銳減。以 2010 年為例，該年出生人口僅 16 萬 6 千餘人，不僅創下歷史新低，總生育率也從 2009 年的 1.03 人，下降至 0.91 人。

　　師資培育供過於求的現象，可以從近年教師甄試錄取率觀之。依教育部編印的《2012 年中華民國師資培育統計年報》資料顯示：公立國小教師甄選自 2006 年以來總錄取率在 3% 左右，公立中學教師的錄取率也僅 10%，公立整體錄取率以 2011 年為例，僅 7.79%，相較於 2004 年以前動輒 50% 以上的任職情形，有相當大的差距。教職一位難求不僅導致我國師資培育整體士氣受到相當衝擊，就連現職教師在少子女化趨勢下，都可能因併校減班而成為超額教師。

　　依照教育部《2012 年中華民國師資培育統計年報》的資料顯示：101 年度公立高級中等以下學校及幼兒園辦理之教師甄選計有 49,718 人次（參加教

師甄選者不排除跨階段重複報考的情形，故以「人次」為計算單位），按教育階段區分，如表 3-1 所示。

表 3-1　101 年度公立高級中等以下學校及幼兒園教師甄選報名人次及錄取率表

教育階段	報考人數（人）	錄取人數（人）	錄取百分比（％）
幼兒園	5,092	270	5.30
國民小學	15,966	1,295	8.11
國民中學	12,020	1,576	13.11
高中職（普通學科）	13,200	1,411	10.69
高中職（職業群科）	2,555	288	11.27
特殊教育學校	885	40	4.52

　　就報考人數而言，以國民小學階段的報考人數最多，而就錄取百分比而言，則以國民中學為最高（教育部，2012）。

　　因師資培育供過於求，不僅造成師資培育資源與人力的浪費，且因教師甄試缺額太少，教職一職難求，不易吸引優秀人才投入師資培育行列；更嚴重者，在於因教師缺額太少，每年新進教師人數有限，將導致中小學、幼兒園教師人力失去新陳代謝。為避免這些現象，教育部及各縣市教育局（處）勢必要適度擴大教師缺額，以吸引優秀人才投入師資培育行列。

　　另一方面，師資培育公費制度可幫助家境較為清寒的學子，也能發揮吸引優秀學子投入教師行列的作用；另外，亦可充裕偏遠地區或稀少類科師資。然而，因每年公費生人數逐漸減少（83 學年度核有 2,375 名公費生名額，至 100 學年度時減為 56 名──一般公費生 25 名，離島地區 21 名，原住民族籍保送生 10 名；101 學年度則為 106 名──一般公費生 76 名，離島地區 21 名，原住民族籍保送生 9 名），恐無法達成公費制度的良善美意；其次，外界批評部分公費生因具有保障，學習態度懈怠而表現不佳，或分發服務後未確實履行服務義務，這都有損師資培育公費制度設立之目的。

🔖 二、方案重點

為調控師資培育數量，教育部推動「我國師資培育數量規劃方案」及師資培育評鑑等政策，以減少師資培育數量的目的，成效可從 2005 年的招生核定人數降為 16,658 人、2006 年 14,342 人、2007 年 10,615 人、2008 年 9,757 人、2009 年 9,123 人、2010 年 8,825 人、2011 年 8,698 人、2012 年 8,521 人，看出師資培育數量規劃執行的效果。除了調降師資培育數量，本方案另規劃「國民小學與中等學校每年開缺聘用正式教師人數，應視每年少子女化趨勢及配合降低班級師生比，占當年度公立學校教師總數比率應達至少 1.5%」，本方案訂出的 1.5% 比率，主要在考量目前公立國小、中學學校領有合格教師證之正式編制專任教師約 17 萬人（教育部，2012），1.5% 的比率約有 2,600 人，亦即希望每年全國所開出之國小及中學正式教師缺額能有 2,600 人以上。每年若能有一定比率之正式教師缺額，方能吸引優秀學生投入修習師資培育課程。

其次，本方案規劃「調整公費生培育方式，明定公費生權利及義務」，其目的在於現行大學部公費生的一般情況下須培育五年，培育期間較長，無法滿足地方政府用人需求，因此結合卓越師資培育獎學金試辦計畫，由各校甄選優秀大二、大三師資生為公費生（即乙案公費生）；或試辦公費碩士專班，招收有志於從事教職之大學畢業生，修讀兩年教育學程，強化其包班教學能力，以較短的期間，培育符合各縣市所需專長之教師。另外，有鑑於現行公費生制度被批評無法培育出符合學校需求之教師，因此本方案也希望重新規劃較為完善的公費生培育制度，例如：要求公費生修習第二專長、參與「教育部推動大學師資生實踐史懷哲精神教育服務計畫」、參加教學實務研習等，希冀增進公費生教學知能及教育專業精神的培養。而對於公費生也應有淘汰機制，對於其就業後之表現，本方案也認為應該持續追蹤，以作為未來公費生之政策決策與行動的參考。

三、方案評論

本方案關於擴大教師缺額部分，近年來各縣市政府已經朝提高教師編制著手，例如：國小教師部分，已朝向每班 1.5 人提高至每班 1.7 人，部分縣市甚至更高。惟未來應該注意的是，因各縣市或因財政考量，或因步調不一，目前各縣市產生不同的教師編制落差，然而，考量到國中小屬於國民教育，基於教育機會均等的公平性，各縣市應該有相同的教師編制。

其次，目前各縣市教育局（處）因考量到少子女化趨勢，不僅持續控管學校缺額教師，僅聘代理代課教師，不聘正式教師，且控管比率偏高，不僅影響新進教師進用機會，也引發社會輿論的質疑。為求學校教育的永續發展，各縣市應積極開拓財源，降低控管教師缺額之比率，招聘足夠之優秀正式教師，俾使教師人力產生新陳代謝。

在公費生部分，依 2015 年發布之《師資培育公費助學金及分發服務辦法》第 8 條，公費生修業期間有下列情形之一者，應終止公費待遇，並喪失接受分發之權利：

1. 學業總平均成績，連續二學期未達班級排名前百分之三十。但成績達八十分以上，不在此限。
2. 德育操行成績，任一學期未達八十分，或曾受記過以上處分。
3. 畢業前未取得符合歐洲語言學習、教學、評量共同參考架構（Common European Framework of Reference for Languages: learning, teaching, assessment）B1 級以上英語相關考試檢定及格證書。但離島地區及原住民籍公費生取得 A2 級以上英語相關考試檢定及格證書，不在此限。
4. 每學年義務輔導學習弱勢、經濟弱勢或區域弱勢學生課業，未達七十二小時。
5. 畢業前未通過教學演示。
6. 畢業前未符合中央、直轄市、縣（市）主管機關教育專業知能需求。

7.原住民籍公費生畢業前未通過原住民族語言能力分級認證考試中級。

8.原住民籍公費生畢業前於部落服務實習未達八週。

　　以上規定雖較以往增加，未來仍應朝向較為嚴格的培育過程，例如：要求公費生修讀較多教育專業課程，以及參加教學實務研習，以強化國小包班教學能力；國小公費生部分可加修英語或輔導專長，以利未來擔任教師時，能符應偏鄉地區學校的需求；參加各項服務學習，涵養公費生的教育志業心；中學師資培育公費生應修習性別平等教育、輔導、生涯發展與規劃等課程，以利未來面對中學生時能具備相關知能。

參考文獻

教育部（2012）。**2012 年中華民國師資培育統計年報**。取自：http://yearbook.inservice.edu.tw/main_3.htm

教育部（2015）。**師資培育公費助學金及分發服務辦法**。臺北市：作者。

方案 **5**

發展原住民族師資方案

・葉川榮

一、方案背景

　　原住民族地區學校多位於山區或交通不便之處，在師資資源分配上極為不利，許多社會結構傾斜的現象皆出現於此，諸如中低收入戶（家戶年所得低於 40 萬元）偏多、隔代教養、輟學率仍偏高等現象，尤其原住民族地區是以南島語族文化為基底的生活型態，卻接受著少數漢人建構起來的教育系統，對文化產生的衝擊與對學業產生遲滯的影響在所難免。基於此，原住民族地區教育師資的專業成長需求應該緊緊環扣著文化意識的瞭解與建立。

　　《原住民族教育法》於 2013 年 5 月 22 日修正公布第 23 條與第 25 條，明確規範原住民族師資之專業成長於該法第四章「師資」部分。第 23 條規範：「各師資培育大學應保留一定名額或公費生予原住民族籍學生，或按需求開設原住民族教育師資培育專班」；第 24 條規範：「原住民族教育師資應修習原住民族文化或多元文化教育課程，以增進教學之專業能力」；第 25 條指出：「原住民族地區學校的原住民族籍校長或教師應達一定比例」。然而，原法於 1998 年通過之後，原住民族師資之專業成長一直受限於許多現實因素與政策羈絆，而無法順利開展。「師資培育白皮書」中對原住民族師資所提出的發展方向則具體落實在原法與此次修訂的條文當中，具有劃時代的指標性意義。

二、方案重點

本方案針對原住民族師資發展之現況與困境，提出三項培育優質之原住民族籍師資之策略，說明如下。

（一）充裕原住民族籍一般教師

在原鄉服務是否真的非原住民族籍教師不可？我們認為除了需以更專業、更具文化意識的課程來精進原住民師資教學知能外，原住民族籍教師與生俱來的族群意識與在地文化關懷，更是外來教師所欠缺的特質底蘊。陳張培倫（2010）建議，可考量在尊重原住民族自主性之前提下，師資來源以部落／民族成員為主，優先培訓聘用原住民族籍教師。因此，在聘用政策全面轉由原住民族自行聘任原住民族籍師資前，提高原住民族籍公費師資生的培育，以及聘用原住民族籍教師是一個可行的過渡政策。

（二）加強原住民族議題教學核心能力之培育課程

無論是對於原鄉或是都市的學生來說，學生都需要接受官方知識，亦需要對文化知識保持醒覺（鍾佩娟、歐嬌慧、葉川榮，2008）。而原鄉的學生更需要接受更具文化敏感度或文化友善的課程氛圍，因此一位受過族群文化與多元文化教育師資培育的教師，更是原鄉教育所迫切需要的。是故，為了因應原鄉教學之實際需求，應鼓勵師資培育機構增加多元文化相關教學專業內容，提供師資生到部落原住民族學校實習機會，辦理教師在職進修原住民族文化或多元文化教育之專業知能，並定期舉辦研習活動。

（三）鼓勵師資培育大學研究原住民族文化與辦理地方教育輔導

教育部為落實原住民族教育，特委託師資培育大學關注原住民族教育實施的現況，並給予經費補助。其用意亦在於讓師資培育機構之教授能夠確實掌

握原鄉地區教育的現況,除了協助改善、輔助教育現場教與學的精進之外,亦期盼能將現場面臨的文化議題、教學困境回饋到師資生的培育課程之中,將教育的熱忱、關懷與實踐都同時納入師資生的養成過程中(葉川榮、李真文、陳盛賢,2013)。而這樣的教學能量不單只來自於單向式的師資教學過程,而更應該從多元的研究方法與廣泛的田野現場中獲取養分,甚或是採用臨床教學式的理論—實務互動,透過更嚴謹的學術研究來支持在地的需求。

📖 三、方案評論

原鄉師資的缺乏由來已久,尤其是原住民族籍的教師數目更是逐年銳減。這除了與師資培育制度調節培用功能失調有關之外,師資培育大學所提供的教育專業課程或許也和原鄉所強調的文化浸潤式課程有極大的落差,使得原住民族地區學生投入師資行列的狀況不如以往,而造成原鄉學生在族群文化傳承上缺漏了重要的一環。《原住民族教育法》在 2013 年 5 月 22 日修正公布以來,中央主管原住民族教育行政機關已開始研議諸多強化原住民族地區教育之措施,包含:原住民族教師之聘用比例、應具有「原住民族文化」與「多元文化教育」之專業知能、研議設計具有原住民族文化蘊含之專屬課程或族語教材、在提升原住民族學生文化意識的前提下可聘用原住民族耆老或具相關專長人士等措施。這些政策與措施正在打破以往單一化的師資培育思維,轉以真正符合在地文化精神的分權方式去研擬相關振興策略。

參考文獻

陳張培倫(2010)。原住民族教育改革與原住民族知識。**臺灣原住民研究論叢**,8,1-27。

葉川榮、李真文、陳盛賢(2013)。與原鄉文化接軌的師資培育芻議。**教師教育研究期刊**,2,73-87。

鍾佩娟、歐嬌慧、葉川榮(2008)。原住民地區教師的教育實踐:以雲海國小為例。**中等教育**,59,8-21。

方案**6**

發展新移民與特定師資方案

・葉川榮

一、方案背景

　　臺灣是一個文化多元的國家，自然有其文化蘊含豐沛的教育基底。我國多元文化教育之精神長期獨尊在原住民族教育的發展面向上，現已逐漸被新移民子女、國際僑外生、閩南文化、客家文化所分享，這固然體現了臺灣教育改革易於受國際／國內學術研究風潮所左右之外，亦顯現臺灣在注重多元文化之美的考量點上，已經逐漸兼顧到每個族群的需要。教育部在多元文化主義思潮、性別平等思潮、弱勢者教育，以及族群平等諸思潮衝擊下，也於師資培育相關決策上對國內迅速增加的新移民子女學生數、國際僑外生數做出回應。

　　教育部（2013）針對 101 學年度於國中小就讀之新移民子女現況做調查，研究指出，新移民子女在國中小就讀的人數已經達到 233,346 人。九年來，就讀國中小學生之總人數由 2,840,000 降為 2,218,000 人，新移民子女學生數卻由 93 學年度之 46,000 人增加至 203,000 人，增加了 157,000 人，足見新移民子女的組成已經成為我國國中小教育品質中重要的一環。而國際僑外生（尤其是東南亞一帶）基於同屬華人儒家圈的文化屬性，亦喜於讓子女至臺灣留學，以學習中國語言及文化教育；長期以來在僑外生回歸祖居地後仍然持續發揮著影響力，對於我國推動臺灣式教育經驗頗具影響力。「師資培育白皮書」特針對未來我國在推動新移民師資與國際學生教育方面，提出了四項政策建議，茲分述如下。

二、方案重點

　　本方案針對新移民與特定師資之現況與困境，提出四項培育優質之新移民與特定師資之策略，分述如下。

（一）強化師資生與現職教師的新移民子女教學相關知能

　　基於多元文化教育精神的落實，也為因應諸多國中小已逐漸增加的新移民家庭教育，在師資培育的職前部分應加強對師資生新移民課程之深化，可開設「多元文化教育」、「新移民教育」等課程提供師資生修習之用。於師資培育的課程設計中，可配合學生輔導活動辦理「多元文化週」或「新移民文化週」，或參訪新移民子女教育辦學較為績優的學校，以增進師資生對於新移民文化與教學策略的認知與成長。

（二）建立新移民教學人員相關制度

　　本方案所提議之相關制度，希冀能夠替世界各國僑生、港澳學生、外國學生提供一條修習教育學程、符合我國師資培育標準的資格認證之路。具體作法為由我國提供師資與課程、教材，地點可在國內師資培育機構，亦可在國外開設專班供海外學生修習，輔導他們通過教師資格考試及教育實習，合格後核發教師證書。若這批學生不具有我國國籍，則不得在我國從事相關正式的教職工作。另外，為了能替國內更多新移民族群學生服務，這批具有我國教師證書之國際學生可在國內兼任相關新移民語言與文化教育課程之師資，在其母國與我國文化之間扮演起重要的教育關鍵角色。

（三）培養赴海外學校任教的師資

　　無論是在中國大陸或是東南亞各國、歐美地區，皆有許多海外臺灣學校需要一般師資與華語文師資，亦需要我國嚴謹的師資培育機構協助培育，以因

應海外所需。這個部分除了由教育部、國際及兩岸教育司統一規劃師資人數需求之外，亦可由前述之「新移民教育專班」的師資生中，爭取較為優秀、有意願前往海外服務的學生前往任教，並協助提升當地華語文之教學知能。

（四）培訓赴國外任教的科學或華語文師資

我國師資培育機構所推展之數學教育、科學教育等數理科訓練品質優良，在國際間的數理科教育成就中出類拔萃，並屢屢在國際性教育競賽中表現亮眼，足見我國數理教育在國際間之成就有目共睹，具有國際頂尖的水準。因此，在培育師資的過程中，亦可加強使用國際語言之能力，將優秀的數理科師資或華語文師資輸出至提出師資培訓需求的友邦，可作為現階段師資培育機構努力的方向與目標。

三、方案評論

在全球化來臨的時代，世界各國之間的文教交流往來已日漸頻繁，並成為國力強盛與發揮影響力的重要指標。華人文化圈重要的文化祖原地中國大陸，近年來亦逐漸發揮其文化與經濟影響力，無論在亞洲僑界或是國際華語文學習領域方面，都能見其致力斧鑿之痕跡。我國身為傳統中華文化與繁體字的保留地，亦結合著我國在華人世界耀眼的民主成就與高度發展的教育學術成就，亦能發揮世界公民的角色，展現文化輸出的大國風範，替世界各國培養出高品質的教學師資與華語文師資。

參考文獻

教育部（2013）。**新移民子女就讀國中小人數分布概況統計**。臺北市：作者。

方案**7**

完備教師專業能力輔導方案

・黃嘉莉

📔 一、方案背景

在學習教學（learn-to-teach）的歷程中，師資導入階段是師資生第一次處於學校環境中，適應學校教學與教師文化，並學習教學知識（Feiman-Nemser, 2003）。師資生完成師資職前教育課程後，即必須根據《師資培育法》之規定進行半年的教育實習課程，進行教學實習、導師實習、行政實習，以及研習。進行教育實習課程的實習學生，必須根據教育實習計畫，漸進且有條理地學習教育實習課程項目，實具有適應未來教師生活之效。

然而，教育實習制度的規劃並非讓實習學生處於盲目試驗或犯錯的狀態，相對的是讓師資培育之大學教授擔任實習指導的任務，而學校教師則擔任實習輔導的工作，一方面讓實習學生在實習歷程中得以連結大學的理論與學校的實務，成為一種 Broudy（1972）所稱的「辯證的技術者」（didactic technician），能針對理論與實務進行對話論證；另一方面也可讓實習學生在學校生活中，得以有請教的對象，在有經驗教師的引導下，對教育情境做出睿智的判斷與決定，並據此調整自身的理論觀點以切合實際需要，發展出屬於自身教學的教育智慧（楊深坑，1988）。

現行半年的教育實習課程業已完備，惟為讓教育實習課程積極產生「驗證」與「統整」的功能（黃嘉莉，2013），實習學生的學習成果是檢驗教育實習課程的重要依據。誠如 Shulman（1988）所言，多元評量方式是檢視教師

真實教學能力的原則，因此為評量實習學生真實教學能力，也應該採多元的方式。另外，教育實習課程可能讓實習學生進行學習的各種設計，包括：評量、激勵、安心學習等措施，都能讓實習學生在教育實習課程中，充分瞭解學習內涵，掌握專業教學知能，同時也讓實習學生的學習成果真實地被看到以及被評量到。

二、方案重點

　　本方案共有七項重點，用以完備導入階段實習學生教學專業知能，以下分別加以說明。

（一）調整教師資格檢定考試科目

　　教師資格檢定考試自 2005 年施行迄今，無論中等學校、國民小學、幼兒園或特殊教育師資類科，考試科目都為國語文能力測驗、教育原理與制度、學生發展（評量）與輔導，以及各類科的課程與教學等四科。然而，礙於國民小學教學的包班屬性，特別是數學教學能力，乃國民小學教師較為欠缺的知能，因此在教師資格檢定考試科目中，可思考加列數學一科，以確保國民小學教師能夠勝任數學教學的任務。除了國民小學教師加考數學可以列入教師資格檢定考試之考量外，中等學校師資類科也可考慮加考學科知識，尤其是中等學校屬學科教學制，但在教師資格檢定考試中僅檢視師資生的教育專業知識，並未檢視師資生的學科知識。雖然現今的教師甄試有加考學科知識，但考量於準國家考試之地位與學科知識對教學的重要性，教師資格檢定考試可以配合導入階段的設計，規劃加考學科知識之可能。

（二）精進教師資格檢定考試試題分析

　　自從 2005 年實施教師資格檢定考試以來，已經累積相當數量的考題，但紙筆測驗猶如洪志宏（2005）、葉連祺（2004）、Darling-Hammond

（2001）、Haertel（1991）等國內外學者的觀點，有其檢視知能類型以及信效度的限制，使得紙筆測驗在方式上有改善的空間。然而，紙筆測驗雖有其限制，卻不失是一種檢視教師能力的方式。有鑑於此，紙筆測驗仍有存在的價值，但此價值必須奠基於紙筆測驗試題本身不斷精益求精的基礎上，使得試題的分析與改變試題性質有其必要性與重要性。有鑑於此，業已累積相當數量的教師資格檢定考試試題有必要進行難易度、鑑別度、誘答力分析等精進措施，形構高品質的試題資料庫，此不僅可作為新增題目的檢視比對，也可以讓部分縣市教師甄試加考的教育專業試題有出題資料庫之依據，提高教師資格檢定考試的試題專業度，讓地方教師甄試考量有免考教育專業試題之規劃。

（三）成立教師資格檢定考試專責單位

　　現今的教師資格檢定考試業務之推動，係由國家教育研究院負責考試試題，而試務則由教育部委託高等教育機構承辦。由於教師資格檢定考試是準國家考試，若為因應未來教師資格檢定考試的考科改變，以及提升檢定考試專業化與永續化，在考量事權統一下，可規劃成立教師資格檢定考試專責單位，或研議協調由考試院統籌辦理。

（四）精進現行教育實習制度與課程內容

　　依據《師資培育法》之規定，修習師資職前教育課程者必須參加半年之教育實習課程，成績及格者，由師資培育之大學發給修畢師資職前教育證明書，用以參加教師資格檢定考試。由於先實習後考試的模式，因考試壓力，遂有實習學生無法專心參與教育實習課程之事實。未來，《師資培育法》可以將「先檢定後實習」之模式為修正方向，讓實習學生專注參與教育實習課程。其次，現行教育實習課程內容有必要提升其具體性與焦點，以利實習學生參與學習。尤其是教學實習、導師實習、行政實習的學習項目，應規劃具引導性、階段性、完整性、反省性的實作歷程，使實習學生在完整的引導下，進行階段性的教學實習與導師實習，以獲得成為教師應有的情境學習經驗。而行政實習也

可配合學校生活，於寒暑假及學期中，規劃學習不同的行政業務，諸如規劃活動、行政執行、管理流程等行政知能。為落實並發揮教育實習的統整與驗證功能，各種支持執行教育實習之配套措施，諸如時間比重、預警及淘汰機制、區域性實習指導中心、分攤實習輔導費用、修訂相關法令規章等，都應同步規劃設計與調整。

（五）發展引導教育實習學生進行實習課程的測驗

我國的教育實習課程設計旨在讓實習學生進行情境學習，在實際的學校情境脈絡下，實習學生可能對學科教學以及學生產生熱忱；但可能會產生不認同學校現場的觀點，進而重新界定，而此乃情境學習的核心。然而，在實習學生進入學校前，如能先行瞭解自身擔任教師的優劣勢，則更會讓實習學生清楚在實習學校應強化的面向，如班級經營、教學、輔導、同儕溝通等；因此，能引導實習學生瞭解自身優劣的測驗，諸如「教師情境判斷測驗」、「教師工作價值量表」等，都值得研發與試驗。

（六）建立評量及激勵實習學生表現機制

已累積相當數量的教師資格檢定考試試題，雖有助於篩選教師專業素質，以做為授予教師證書的依據，但是卻也受限於紙筆測驗的特質，僅能測量認知領域較低層次的能力。有鑑於真實評量實習學生的表現，各種能夠評量實習學生表現的證據，諸如自傳、自省札記、觀察紀錄、影片、實習檔案、行動研究等，都應納入綜合性評估實習學生表現的等級，進而決定實習學生通過與否。對於表現優異的實習學生，應藉由獎金、獎狀、經驗分享等方式，激勵其表現，則有助於在教師甄試時提供相關人員作為聘用之參考。

（七）建立實習學生安心學習措施

由於我國的教育實習制度設計，使得實習學生不得兼任其他職務，因而在此六個月中，並無任何生活津貼收入，使得「學習成為教師」與面對生活現實

的兩端拉扯，讓實習學生有難以專注學習之可能。因此，為解決教育實習的困境，可透過補助經費，或無礙全時實習的工讀、獎助學金、實習貸款等方式，讓實習學生得以在教育實習期間獲得生活津貼；但長期而言，仍須重新思考教育實習制度的設計問題。

三、方案評論

為提升導入階段實習學生的教學專業知能，未來可以朝以下方向發展。

（一）統整考試科目與取得教師證書之程序

教師資格檢定考試加考學科知識，無論是國民小學的數學或中等學校的學科知識，可統整規劃。如未來《師資培育法》修正為先檢定後實習，則在第一階段中先考教育專業知識，通過第一階段教育專業知識考試後，繼而進行教育實習，完成並通過教育實習真實評量後，再進行第二階段的學科知識考試，包括國民小學師資類科所需的數學基本學科知識，或另加一門學科知識，中等學校師資類科則加考學科知識，通過者取得教師證書，可逕行參加各縣市教師甄試，無須再經過紙筆測驗，僅需提供各項測驗成績以及通過各縣市教師甄試的規定項目，即可受聘成為學校正式教師。

（二）精進教育實習內涵，充實實習教學生活

為讓教育實習課程的內涵更為具體且為實習學生所知覺，在進入學校進行教育實習之前，應規劃可引導實習學生進行實習的課程內涵，讓實習學生有機會事先暸解未來實習生活的學習內涵，並且在實習歷程中關注學校生活的焦點。因此，具體化教育實習課程內涵的方式，諸如表現（實作）評量、實習檔案項目規劃、實習階段教師專業標準等，都是未來可以精進教育實習課程的方式。

（三）研發「教師情境判斷測驗」與真實評量，以評估實習學生真實表現

　　教育實習成績的評定，實習學校與師資培育之大學各占 50%，且採百分比制，通過者即可申請修畢師資職前教育證明書，再參加教師資格檢定考試取得教師證書。惟目前的教育實習成績評量並無法評量實習學生真實表現，且評分者的標準不同，致使實習學生的真實表現無法有客觀的評定，而難以瞭解實習學生之真實表現是否能夠符合我國的師資培育理想。因此，可以真實瞭解實習學生真實能力之方式，諸如「教師情境判斷測驗」、檔案評量、表現（實作）評量等，都應進行研發，以精進評定實習學生真實表現的工具。

（四）修訂教育實習制度法令

　　自 2003 年《師資培育法》修正公布以來，精進了教師資格檢定初複審制度，但卻也在教育實習制度上產生諸如行政實習勞逸化、教育實習課程不具體、實習學生定位問題、教育實習評量不易等問題，使得配合師資培育政策修正教育實習制度有其必要。如未來《師資培育法》修正為先檢定後實習，則教育實習現有的問題，都必須獲得法制的調整修正而有所解決。

參考文獻

洪志宏（2005）。教師檢定測驗不是教師專業最後防線。**現代教育論壇**，12，462-477。

黃嘉莉（2013）。我國教育實習制度設計之結構邏輯分析。**教育研究與發展期刊**，9（3），115-142。Doi: 10.3966/181665042013090903005

楊深坑（1988）。**理論、詮釋與實踐**。臺北市：師大書苑。

葉連祺（2004）。中小學教師檢定方法相關課題之分析。載於國立花蓮師範學院國民教育研究所（主編），**教師檢定之理論與實務會議論文集**（頁 29-43）。臺北市：國立教育資料館。

Broudy, H. S. (1972). *A critique of performance-based teacher education.* (ERIC ED 063274).

Darling-Hammond, L. (2001). Teacher testing and the improvement of practice. *Teaching Education, 12*(1), 1-24.

Feiman-Nemser, S. (2003). What new teachers need to learn. *Educational Leadership, 60*(8), 25-29.

Haertel, E. H. (1991). New forms of teacher assessment. *Review of Research in Education, 17*, 3-29.

Shulman, L. S. (1988). A union of insufficiencies: Strategies for teacher assessment in a period of education reform. *Educational Leadership, 46*(3), 36-41.

方案**8**

精進教育實習輔導人員知能方案

・黃嘉莉

一、方案背景

　　教育實習階段的品質提升，除了課程、評量與制度外，影響實習學生學習的輔導人員，如實習指導教師與實習輔導教師，也是提升教育實習品質的關鍵。在 Bickmore 與 Bickmore（2010）、Carver 與 Feiman-Nemser（2009）、Meristo 與 Eisenschmidt（2012），以及 Talvitie、Peltokallio 與 Mannisto（2000）的研究成果中，都指出實習輔導教師對於實習學生的歸屬感、自信心、教學專業能力、降低壓力、專業心態等的助益；而實習指導教師則扮演實習學生心理支柱的角色，以及協助實習學生連結理論與實務，使得無論實習指導教師或實習輔導教師，都應具有相當程度的實習指導與輔導知能，方能具足擔負指導與輔導實習學生的任務，以保障與提升教育實習品質。

　　然而，在我國教育實習制度中並無太多帶領實習學生的實質報酬，對於實習學生的指導與輔導知能以及大學重視研究的氛圍，使得指導與輔導實習學生可謂是吃力不討好的工作，因此，在規範擔任指導與輔導人員的條件時，必須將實際情形列入規劃中。有鑑於此，本方案在設計提升教育實習品質的人員規劃上，採取的是配合實際現況及未來發展方向進行考量，對於大學端的實習指導教師以及學校端的實習輔導教師的條件規劃也就不盡相同，採取的是差異性的條件設計原則，以提升指導與輔導教育實習的品質。

二、方案重點

　　本方案共有四項重點，用以精進教育實習輔導人員的條件與知能，以下分別加以說明。

（一）研訂擔任教育實習指導教師的條件

　　由於師資培育多元化之故，各大學凡通過師資培育審議委員會之審議，即可培育師資。然而，師資培育單位雖設有專任師資員額，但在教育專業課程以及專門課程的開設上，恐有人力不足的情況。再加上當今大學重視研究的氛圍，指導實習學生並未能有相對應的研究績效；而傳統師範校院在紛紛轉向綜合性大學後，新進教師也不再強調須具有中小學教學經驗，使得連結教學實務與理論的大學實習指導教師，必須強調其指導應具有學校教學實務經驗或教學實務研究能力為基本條件，方足以發揮實習指導教師協助實習學生連結理論與實務的功能。

（二）增加教育實習指導教師的誘因

　　由於前文已指出大學端實習指導工作的困境，使得在規範實習指導教師的條件之際，也應相對增加實習指導的誘因。增加誘因的規劃從兩方面著手：首先，將實習指導列入大學教師績效，可將指導實習學生的情形，或與中小學教師合作研發教材、改進教學實務的相關研究等，列入大學教師評鑑、升等項目，或減少授課鐘點時數，此外，亦可表揚績優實習指導教師，以激勵實習指導教師的士氣；其次，則是增加實習指導的效能，包括提供具效率及功能性的支持系統，如數位平臺、數位化表件、研習、具體評量措施等，藉由提升實習指導效能，讓實習指導教師得減少不必要的付出，而有參與實習指導的意願。

（三）建立教育實習輔導教師的認證標準與機制

　　實習輔導教師對實習學生的影響，不僅在於協助實習學生專業成長，也提供實習學生情緒性與社會性的支持。檢視我國近年《師資培育統計年報》中實習學生數量呈現下降趨勢，顯示未來擔任實習輔導教師的數量也勢必減少。實習輔導教師誠如上文所提，必須具有熱忱且樂於帶領實習學生傳遞專業知能。因此，實習輔導教師無論在專業態度或專業知能上，都必須能夠具足輔導實習學生學習的能力。另外，也要規劃教師專業激勵架構，實習輔導教師理因其輔導實習學生學習以及傳承教育使命的角色任務，而列入激勵架構中的一部分。有鑑於提升教育實習品質及實習學生學習的需求，我國實有需要建置實習輔導教師的認證標準與機制，結合理想實習輔導教師的圖像與條件，設置認證機制，並搭配激勵架構，讓實習學生能讓有品質保證的教師輔導，以臻投入專業教學之列。

（四）增加教育實習輔導教師的誘因

　　誠如上文所提，擔任實習輔導教師的誘因相當缺乏，除熱忱與使命外，並無其他過多的實質獎勵。為讓擔任實習輔導教師的工作成為一種尊榮的工作，除列入教師激勵架構外，實有必要讓此份工作具有吸引優質教師加入的誘因，因此包括擇優表揚、減少授課節數、編列教育實習輔導津貼、列入教師成績考核、教師評鑑、教師介聘積分加分、列入學校行政主管的資格等，都可以讓實習輔導工作成為一項榮耀教師、也能予以傳承的工作。

📓 三、方案評論

　　為精進教育實習指導與輔導人員知能，本方案可朝向以下兩個方向規劃。

（一）規劃支持實習指導教師資格與指導制度

實習指導教師必須能夠履行指導實習學生連結理論與實務的角色，而規劃實習指導教師資格則以此角色進行規劃，包括具有中小學教師證書、中小學教學經驗、進行中小學實務研究或進行協同教學等，方足以有相關實務經驗，以擔任實習指導教師的角色。然而，面臨高等教育的研究壓力，也務必規劃能讓實習指導教師獲得最大的支持，包括各種可能的激勵措施，或建置減少人力的數位平臺等，讓實習指導教師在最充分的支持下，履行指導實習學生的任務。

（二）實習輔導教師納入教師專業激勵架構

實習輔導教師需要獲得社會與教育界的肯定，而且實習階段更需要實習輔導教師的投入，方能促進下一代的教師在進學校前即能準備好成為一位好教師。因此，未來發展教師專業激勵架構，必須發展出客觀且有助於實習輔導教師成長的認證標準與機制，使得實習輔導教師以及擔任實習輔導工作，成為一種教師可追求的使命與任務，讓實習輔導工作成為一項榮耀性的傳承工作。

參考文獻

Bickmore, D. L., & Bickmore, S. T. (2010). A multifaceted approach to teacher induction. *Teaching and Teacher Education, 26*(4), 1006-1014.

Carver, C. L., & Feiman-Nemser, S. (2009). Using policy to improve teacher induction: Critical elements and missing pieces. *Educational Policy, 23*(2), 295-328.

Meristo, M., & Eisenschmidt, E. (2012). Does induction programme support novice teachers' intrinsic motivation to work? *Procedia-Social and Behavioral Sciences, 69*, 1497-1504.

Talvitie, U., Peltokallio, L., & Mannisto, P. (2000). Student teachers' views about their relationship with university supervisors, cooperating teachers and peer student teachers. *Scandinavian Journal of Education Research, 44*(1), 79-88.

方案 **9**

建立專業發展學校制度方案

・黃嘉莉

一、方案背景

　　為確保教育實習品質，除前述的教育實習課程與制度、實習學生，以及實習指導與輔導人員的精進外，實習環境的建構也是強化教育實習輔導品質的要件。專業發展學校（professional development school, PDS）的建立可溯及 1986 年 Carnegie Task Force 出版的《準備就緒的國家：21 世紀的教師》（*A Nation Prepared: Teachers for the 21st Century*），以及同年 Homles Group 出版的《明日教師》（*Tomorrow's Teachers*），兩者都指出美國師資培育過程中欠缺臨床經驗，因而提出增進師資生實際教學經驗之建言（黃嘉莉，1998），Homles Group 甚至還提出建立專業發展學校的建議。而 1990 年 Homles Group 的明日系列，包括《明日學校》（*Tomorrow's Schools*）、《明日教育學院》（*Tomorrow's Schools of Education*），則繼續提出專業發展學校之建議，主張大學與中小學應合作，共同致力於教學革新與提升學生學習成就的目的（孫志麟，2009；黃嘉莉，2011）。由此可見，專業發展學校不僅能作為師資培育的臨床教學場所，更是大學與中小學合作精進教學之場域，擴大了原有實習學校的功能。

　　檢視我國現有教育實習學校的相關規劃，過去曾有「優質教育實習學校」的經費補助，透過認證且通過訪視以提供實習學生優質實習環境。以此經驗為基礎，再建立教育實習學校以及專業發展學校的認證標準與機制，在設計

吻合教育實習學校以及專業發展學校的目標與特性之標準後，進行認證歷程，用以確保實習環境的品質。而傳統師範校院的附屬實驗學校，則可強化原有的師資培育功能，除提供教學實習的功能外，附屬實驗學校還可與大學發揮合作研發的功能，規劃設計相關措施或制度，讓大學進入學校校園，共同合作，以提升學校學生學習成果。

二、方案重點

　　本方案共有三項重點，用以提升教育實習環境的品質，以下分別加以說明。

（一）發展教育實習機構的認證標準與機制

　　為漸進式發展實習學校為專業發展學校，教育實習機構需要透過認證機制，讓學校具有參與師資培育的條件。因此，為促進學校成為能進行師資培育的場域，宜建立教育實習機構的認證標準，諸如在師資、實習設計、教師專業發展、設備、空間等面向設置條件，讓有能力且有意願參與師資培育的學校得以透過認證，作為師資培育的基地，進而發展成為專業發展學校。

（二）建立專業發展學校的認證標準與機制

　　專業發展學校如同前文所指具有其特質，教育實習僅是其學校功能的一部分，其他諸如參與師資職前培育課程、在職教師專業發展學習社群、大學與學校合作研發等功能，使得認證標準與機制，必須配合專業發展學校的特性發展認證標準向度與條件，並且規劃認證機制，以客觀且有效判別適合擔任師資培育功能的學校。奠基於教育實習機構認證的基礎上，輔導認證學校朝向通過專業發展學校的認證，讓專業發展學校得以發揮師資培育以及合作研發等特質。

（三）提升附設實驗中小學的功能

我國傳統師範校院設有附設實驗中小學，但是師資培育多元化後，附設實驗中小學也漸漸失去應有的師資培育與實驗的屬性，與所屬師範校院的關係，隨著校長遴選制度以及師範校院的轉型也漸漸式微，使得在進行專業發展學校認證的同時，也應規劃恢復與提升附設實驗中小學的原有功能，包括：師資培育、教育實習、課程實驗、研究發展等。附設實驗中小學如能配合認證實習輔導教師與認證教育實習機構，規劃研發或實驗課程，即可讓附設實驗中小學得以成為其他學校的典範，強化大學與學校的合作關係。

三、方案評論

為強化教育實習的環境品質，未來可朝下列三個方向規劃。

（一）建立教育實習機構的認證標準與機制

為確保認證機制具有客觀與效度之特質，建置足以保證學校可提供師資培育所需的資源，則認證標準與機制，諸如認證委員會、認證實地訪視、實地訪視人員的培訓等，都需要進一步規劃設計與實踐。

（二）建立激勵教育實習機構參與認證機制

由於教育實習機構類似教學醫院，使得學校具有教學實習的特質，對於學校家長或社區而言或有阻力，使得激勵教育實習機構參與認證的機制，包括：校務評鑑項目、地方統合視導、提供經費補助等，都是在設計教育實習機構的認證標準與機制之同時，需要配合進行規劃設計。

（三）建立專業發展學校的認證制度

在建立教育實習學校的認證標準與機制後，專業發展學校的標準與機制

也應同時進行規劃與設計。除此之外，在建立專業發展學校的認證制度之前，可針對傳統師範校院的附屬實驗中小學進行活化，恢復附屬實驗中小學的原有任務，並且加諸專業發展學校的特質，諸如大學與學校的協同教學、合作研究、課程與教學研發、教材教法的發展等措施，繼而發展專業發展學校的認證制度，以培育優質教師以及精進專業發展學校的教師專業能力為方向。

參考文獻

孫志麟（2009）。**師資教育的未來政策與實踐**。臺北市：學富。

黃嘉莉（1998）。美國師資培育之發展：1980 年代至 1990 年代相關報告書之探究。載於單文經（主編），**美國教育研究：師資培育及課程與教學**（頁 129-164）。臺北市：師大書苑。

黃嘉莉（2011）。建立與專業發展學校合作關係之首部曲：五所中學與國立臺灣師範大學為例。**教師天地**，175，18-23。

方案 **10**

整合教師甄選機制方案

· 黃嘉莉

一、方案背景

　　就目前我國取得教師證書者，必須參加地方政府舉辦之教師甄選後，才能取得學校正式的教師工作。由於教師甄試是由地方政府辦理，使得持有教師證書者必須面臨帶著行李考遍臺灣之窘境，讓應徵者甚感疲累。除此之外，由於每年教師甄選業務除試教與面試外，還包括筆試（含教育專業知識與學科知識），使得教育專業知識不斷重複成為地方教師甄選考科，實有需要突破重複考試的議題。再者，配合前文規劃教師資格檢定考試與教育實習制度，使得可以統整規劃此階段的檢定考試與教師甄選考科項目，簡化教師甄選程序，以降低教師甄選季節的南北奔波，以及整合檢定考試與甄選，節省社會成本。最後，讓教師缺額可以透明化與即時化，提升教師進用效益，教師員額以及教師職缺宜有通報的平臺。

二、方案重點

　　本方案共有三項重點，用以整合全國教師甄選機制，以下分別加以說明。

（一）建立教師職缺通報與甄選平臺

為讓教師的職缺數量及資訊透明化與即時化，應可在現有的平臺上建立全國中小學教師選聘網，提供各科／領域／群科教師的職缺狀況，並且建立中小學與幼兒園三個月以下短期教師人力，統整短期聘用教師人力資訊，在無違反《教育人員任用條例》等相關法規的任用限制下，可提供應聘候用人員填寫，進而因此平臺而獲得媒合，兼具解決學校以及教師獲得聘任兩方問題的效果。

（二）發展全國性教師甄選初試機制

為減輕上述應徵者南北奔波參加教師甄選的現象，並且整合教師資格檢定考試以及教師甄選的考試項目，在尊重地方政府與學校聘任教師權力的基礎上，進行兩階段考試的規劃：第一階段由國家教育研究院負責擔任教育專業知識的考試；第二階段則由教師甄試階段進行學科知識考試。後者亦可由國家教育研究院進行考題規劃與設計，進行全國統一的學科知識考試，讓全國所有的教師資格或教師甄試的考試，能有統整的規劃。而後續在進行教師甄試時，則可用真實情境教學表現（如試教或口試）作為地方政府與各校選才的項目，既可減少社會成本，也可降低重複考試的困境，以真實表現優劣來選擇優質教師。

（三）推動各縣市的教師甄選方式多元化

為促進各縣市的教師甄選得以真實表現作為選擇優質教師的依據，各縣市可規劃甄選教師的多元方式，包括：試教、口試、情境模擬測驗、性向測驗、「教師工作價值量表」等結果作為參考，一方面活化甄選方式，另一方面也遴選出符合學校教育現場所需的教師。

三、方案評論

　　為強化整合教師甄選機制之措施，提升教師進用效能，未來可以朝以下方向發展。

（一）中央與各縣市共同規劃教師甄選歷程方式

　　為讓學校能夠聘用符合教學現場所需的師資，並且讓應徵者得以免除奔波參與教師甄選考試，中央與地方政府實有需要針對教師甄試的方式發展共識，同時統整教師資格檢定考試與教師甄選的筆試項目，一方面能具體呈現出教師的學科知識，另一方面也讓考試更具專業性。從中央與地方整合取得教師證書到教師甄選的歷程，有助於減少教師候選人奔波，並且讓整個歷程具有真正選擇優秀教師的效果。

（二）規劃兩階段考試

　　由於國民小學教師未來有加註專長的需要，使得學科考試有其必要性，中學教師更須有學科知識，而教師檢定考試與教師甄試的筆試亦有重複之現象。因此，兩階段規劃考科是未來可發展的方向。國家教育研究院可針對各地方政府學科知識考試的需要，規劃學科知識考試，並且配合教育專業知識的教師資格檢定考試，在取得教師資格前進行教育專業知識考試；第二階段則進行學科知識考試，使得通過的教師可保證其具有基本門檻的教育專業知識與學科知識，用以確保未來教學的基本知能。

方案 **11**

建立初任教師輔導與評鑑方案

・黃嘉莉

一、方案背景

　　環顧世界各國設計的初任教師制度，諸如歐盟規劃初任教師三年期的導入計畫；英國進行新任合格教師一年期導入專業發展規劃；美國（如加州或康乃狄克州）要求初任教師必須經過支持與培育計畫，完成一至三年不等的導入階段評量後，方取得正式教師證書（楊深坑、黃嘉莉，2011）。雖各國在初任教師的界定上，或等同於我國的教育實習學生，或等同於我國取得學校正式教職的教師，但其制度設計的精神在於讓初次擔任學校教職工作者，可以獲得學校有經驗教師的輔導與支持。根據美國加州發展初任教師支持與評量制度的經驗來看，初任教師在資深教師的輔導與支持下，不僅能提高留任率，也能增進各種教學技巧，對專業發展也有較高的承諾（黃嘉莉，2009）。除上述各國對於初任教師的輔導與支持外，更重要的還包括對初任教師的評量，通過評量者方可取得合格教師證書，而此評量的概念，對於初任教師的教學品質具有保證之效果，也具有掌控教師素質之意涵，同時強化教師證書的價值。

　　相較於我國而言，初任教師的概念係指持有合格教師證書，首次受聘為學校編制內且服務年資三年內的初任教師，截然不同於實習學生於學校實習的角色，而是為教學負起全責的教師角色。參考國外經驗，促使初任教師減少嘗試錯誤並於最短時間內熟悉教學任務，是本方案最主要的目的。另外，配合現行教師專業發展評鑑，初任教師也應在適應學校生活的開始，便熟悉教師合作

交流、相互學習、相互促進專業發展的合作分享與反省之文化,促使辦理初任教師評鑑,均有其需要性。

二、方案重點

本方案共有三項重點,用以建立初任教師的輔導以及掌控初任教師的教學品質,以下分別加以說明。

(一)建立初任教師輔導制度

為讓初任教師適應學校生活,也讓初任教師在面對教學現場挑戰時,能及時獲得有經驗教師的指點與解決問題策略,並獲得有經驗教師的情緒性與社會性支持,學校應安排教學輔導教師擔任其在教學知能、生活適應等方面的諮詢與協助,並研議相關的支持配套措施,諸如減輕教學工作負擔、進行協同教學、參與教師專業學習社群等,讓初任教師能夠在學校支持環境下專業發展,順利融入學校環境。除了安排教學輔導教師以及安排配套措施外,教育部也可與地方教育局(處)共同規劃兩年期的初任教師專業知能研習,並推動至少108小時的專業發展架構研習課程,讓初任教師的專業成長能具結構性與階段性的成長。

(二)實施初任教師評鑑制度

根據《教師法》第11至13條以及《教師法施行細則》第11條之規定,初聘係指實習教師或合格教師接受學校第一次聘約或離職後重新接受學校聘約者,而高級中等以下學校教師之初聘為一年。在一年過程中,為瞭解初任教師整體教學表現,初任教師應接受總結性評鑑,通過後再接受一年聘約。連續通過兩年的總結性評鑑,初任教師仍必須接受教師專業發展評鑑,而成為教師評鑑系統的一部分。而初任教師的教師評鑑制度,宜根據教師的專業標準與表現指標,配合各種初任教師實際表現的證據,諸如教學輔導教師的輔導紀錄或

教學觀察表、班級經營的具體成果、輔導學生紀錄、教師進修與研究心得、分享紀錄等，展現出初任教師符合教師專業標準的程度。經過自評與他評後，提交評鑑結果至教師評審委員會審議是否續聘，用以確保初任教師的真實教學能力，符合學校教學與學生學習需要。

（三）發展初任教師同儕交流互動平臺

初任教師在學校任教期間，雖然能獲得學校資深教師的及時支持，但仍需要來自同樣也是初任教師的社會性支持，透過彼此間經驗的分享與交流，分擔彼此情緒並相互支援。如有可能，中央或地方政府也可以透過經費補助，支持初任教師成立專業學習社群，讓初任教師可以組成跨校或單一學校內的社群，以教學、班級經營或其他議題作為社群目的，不僅可聯繫彼此的關係，也可促進初任教師的教學自我精進，從中即可養成不斷專業發展的習性。而聯繫初任教師互動的媒介，可以是透過數位平臺，也可以是中央或地方或學校所辦理的聯繫活動，除了教學或班級經營知識的研習外，同時促進初任教師彼此互動。

三、方案評論

未來為建立初任教師輔導以及掌控其教學品質，可以朝以下方向發展。

（一）建立初任教師教學輔導教師制度

臺北市於 90 學年度即辦理教學輔導教師制度，迄今業有十餘年之光景。初任教師亦是教學輔導教師輔導的對象，在受過培訓的教學輔導教師之支持下，初任教師可以及早適應學校生活，學習更多教學技巧與班級經營策略，對於教學工作也日趨有信心。因此，中央與地方政府應規劃初任教師教學輔導教師制度，並且培訓資格符合的各校教師，使其具有輔導初任教師的能力，而不僅能增進教學輔導教師教學以外的經驗，也能帶領其他教師一起專業成長。

（二）規劃初任教師評鑑制度

在教學輔導教師的輔導之下，初任教師也必須通過《教師法》規範一年聘約的考核，俾利取得第二次的一年聘約，再通過即可獲得第一次的兩年聘約。為配合續聘的規範，初任教師宜通過客觀且公正的評鑑制度，而此評鑑制度亟需規劃與設計，俾利初任教師評鑑制度可趨客觀與公正。初任教師的評鑑標準應以理想教師圖像作為目標，以現有相關標準，諸如教師專業發展評鑑或教師專業標準等為參考，透過自評、教學檔案評量、他評、觀察等方式，蒐集初任教師的表現證據，用以評量初任教師專業表現符合教師專業標準的情形，最後綜合評估初任教師通過評鑑與否。藉由公正且客觀的評鑑制度，期能讓學校師生以及社會清楚掌控初任教師專業表現。

參考文獻

黃嘉莉（2009）。加州初任教師支持與評量系統之研究。**教育研究與發展**，5
　　（1），130-163。

楊深坑、黃嘉莉（2011）。各國師資培育制度與教師素質比較分析。載於楊深坑、
　　黃嘉莉（主編），**師資培育制度與教師素質之現況**（頁353-401）。臺北市：
　　教育部。

方案 *12*

穩定偏鄉優質師資方案

・黃嘉莉

一、方案背景

　　為了社會正義的理念，也為落實教育機會均等的概念，我國《師資培育法》以及《師資培育公費助學金及分發服務辦法》，針對偏遠或特殊地區、不足類科或國家政策需求師資培育，是以公費生的優質培育為策略，在公費生取得教師證書後分發到各縣市偏鄉地區學校，或有特殊需求的學校，以達到社會正義與教育機會均等的理想。除公費生作為優質師資的來源外，現有的市場競爭所產生的優質師資也可到偏遠或偏鄉地區擔任學校教師。由於公費生有契約規範，使其有服務年限上的限制，相形之下，市場競爭所獲致的優質教師，則必須有制度設計，使其能穩定於偏鄉地區擔任教學工作，讓學校學生在長期且穩定的優質教師教學下學習，此不僅保障學生的受教權益，也穩定教學的優質品質。

　　但為讓最優質的公費生能充沛其專業教學，在培育的歷程中亟需要公費生及早瞭解偏鄉地區學校文化與學生學習習性。另外，由於偏鄉地區學校之規模都偏小，在教師員額的配置上相對偏少，為使偏鄉地區學校都有學科相符教師任教，解決專長師資不足的合聘教師策略，是需要加以規劃與設計的。但是，為穩定偏鄉地區學校教師的留任率，尤其是合聘教師的學校歸屬與生活機能等層面的支持，都是讓合聘教師或其他教師有留任於偏鄉地區學校教學意願之措施，也應同時納入規劃與設計。

📖 二、方案重點

本方案共有五項重點，用以穩定偏鄉地區的優質教師素質，以下分別加以說明。

（一）發展公費生寒暑假至偏鄉地區服務學習或課後輔導制度

為及早使公費生瞭解與熟悉偏鄉地區學校的生活運作，公費生在培育過程的寒暑假，即可由師資培育之大學規劃進行課後輔導或服務學習，公費生即可瞭解學校屬性以及學生的學習風格與習性，也可熟悉學區家長的社經背景，並且在輔導或服務學習中熟悉學科知識，探知自身在輔導或服務上的優缺點。由此可見，及早讓公費生走入偏鄉地區學校生活，既可提升教學專業知能，亦可產生為教育奉獻的情懷。

（二）強化公費生留任偏鄉地區學校的規範

根據 2015 年修正發布的《師資培育公費助學金及分發服務辦法》第 16、17 條之規定，公費生取得教師證書後，其於原分發服務學校之最低服務年限，以在校受領公費之年數為準，不得少於四年。在義務服務期間，公費生不得申請異動與調職，但中央主管機關基於業務需要，得經原分發服務學校及該主管機關同意調任其他偏遠或特殊地區學校繼續履行服務義務。惟為確保契約規範以及學校學生受教權益，公費生如未服務滿規定年限，則中央主管機關可研議加重相關罰則，如加倍賠償公費或解除教師聘任等，用以穩定偏鄉地區學校師資，並保障學生學習權益。

（三）修訂符合偏鄉地區實際需要的教師編制

偏鄉地區學校因規模之因素，教師員額無法比照都會區或與國家一致的員額標準。在學校規模小且校務仍須運作的情形下，教師往往都必須兼任行政

工作，但在無法減少教學下，使得教師工作負荷過量，致使教師留任率不高。為降低偏鄉地區教師的教學負荷，並且降低教師流動率，應修訂符合偏鄉地區需要的教師數額編制，例如：偏鄉地區學校兼任行政工作者減少其授課時數，或補足學校行政人力基本需求，或提高每班教師編制等，用以充實偏鄉地區學校教師人力，穩定教師留任率。

（四）持續辦理偏鄉地區學校合聘制度

為辦理偏鄉地區學校教師合聘制，教育部首先推動「全國中小學教師員額系統」，以協助縣市政府辦理區域合聘教師制度。特別是課程節數不多的學習領域或科目，可透過多校共同合聘教師，將其員額置於一校，並且享有專任教師的福利，讓教師人力產生最大的效益。但為讓合聘教師有其法源依據，修訂法令是重要的工作，讓合聘教師有其權利義務，並且規範職責，以利偏鄉地區學校能依其教學需要共同聘任教師，讓學習領域或學科教學回歸專業教師，以保障學生學習權益。

（五）建立偏鄉地區學校的教師教學與生活支持機制

為讓偏鄉地區學校教師，無論是公費生的分發而為學校教師，或因共同聘任，或因市場競爭擇優的教師，都因有來自學校在教學與生活上的支持，而強化其繼續留任的意願；尤其是合聘教師，在工作安置上宜有固定的學校，俾利對學校教學有歸屬感，也有利處理批改作業或聯繫教學等相關事宜，同時也可參與共同聘任學校的活動；如有可能，學校有經驗教師的支持與輔導，也是有利於讓教師有留任意願之設計。在生活上，除延續對偏鄉地區師資的記點或加給照顧外，仍須提供偏鄉地區師資如住宿環境，或以行政區域為單位建置優惠教師宿舍、提供交通補助費、相關軟硬體設施等生活支持，以提高教師留任偏鄉地區學校的意願。

三、方案評論

　　對於提高偏鄉地區學校的教學品質，應留任優質教師，以保障學生學習權益，未來本方案相關措施可朝以下方向發展。

（一）規劃公費生於寒暑假至偏鄉地區學校課業輔導或服務學習制度

　　凡是接受公費生培育的師資培育之大學，都應規劃公費生在受領助學金的年限中，系統性與結構性辦理或引導公費生於寒暑假至偏鄉地區課輔或服務學習活動，並且列入公費生的學習檔案中，促使公費生及早理解偏鄉地區學校的特質與學生學習風格。

（二）修訂公費生分發服務契約

　　為提升公費生留任偏鄉地區學校比率，以及確保學生受教權益，政府與公費生的分發服務契約可以強化留任年限與意願，諸如加重賠款罰則或解除教師聘任等，讓偏鄉地區學校師資得以穩定，並且保障學生學習權益。

（三）建立偏鄉地區學校的教師教學與生活支持機制

　　為穩定偏鄉地區學校教師留任率，無論是學校專任教師或合聘教師都應獲得政府在教學與生活層面上的支持，尤其要讓教師產生歸屬感與依靠感，都有助於教師留任意願。因此，諸如偏鄉地區師資加計點數或加給，或優質住宿環境，或提供交通補助、軟硬體設施等措施，均可穩定學校教師留任率，以達到保障學生受教權益並落實社會正義。

參考文獻

教育部（2015）。**師資培育公費助學金及分發服務辦法**。臺北市：作者。

方案 **13**

建構系統化教師在職進修體系方案

・陳木金

一、方案背景

　　「國家的未來在教育，教育的品質在良師」，過去的研究發現，教師素質是預測學生成就的重要因素，許多研究結果支持教師素質攸關教育成敗的論點，並體認教育成敗的重要關鍵繫乎教師專業素養之良窳。有鑑於此，世界各先進國家教育當局莫不致力於教師專業素養之提升，希望藉由教師之持續性專業發展（continuing professional development, CPD）的推動，提升教師專業素養以及學生的學習成效，並期能在優質教育的帶動下，厚植國家總體競爭優勢。據此，推動教師專業發展以及優化教學品質，儼然成為當前教育改革的趨勢與修正的重要方向。

　　有鑑於教師角色的重要性，以及在社會變遷與知識急速更替下，大眾對教師專業素養的殷切期望，如何提升教師的專業發展就成為教育當局重要的教育議題。有關教師在職進修現況與需求的調查研究顯示，教師在職進修的需求隨其任教職涯的發展而有所改變，多數教師表示為能有效履行教職，他們有持續進修，方能突破教學瓶頸的需求。由此顯見，教師專業之養成已非單純的職前教育所能滿足，教師職前專業培養已難即時回應時代變革所導致的教學挑戰，以及教育現場異質性的需求，而必須在面對不同職涯階段持續學習，方能符應社會各界及國家對培育人才的殷盼。是故，本方案藉由立法規範及推動相關配套措施，以落實建構系統化教師在職進修體系方案。

二、方案重點

本方案有以下七項重點。

（一）考量教師生涯發展需求及各教育階段的異質性，規劃教師在職進修研習內涵

1. 規劃七大範疇研習內涵：以「教師專業標準」為本位，規劃「課程設計與教學」、「班級經營與輔導」、「研究進修與發展」、「敬業態度與精神」、「學校管理與領導」、「新興議題與特色」，以及「實用智能與生活」等七大範疇，作為教師在職進修的基本架構與參考藍本。
2. 配合教師生涯發展規劃不同研習內容：為考量教師生涯發展階段（如探索與建立期、轉化期、成熟期、精進期）的需求，依其所處階段別不同，規劃指定與增能研習課程與時數。
3. 依據不同教育階段別與任教領域差異規劃不同研習內容。
4. 連貫師資職前教育與教師在職進修研習。

（二）強化教師專業發展支持體系的整合功能

推動垂直整合中央、師資培育之大學、地方、學校及專業組織等層級的縱向連結與互動，強化教師專業發展支持體系的整合功能。

（三）推動以實務應用為導向的多元化教師在職進修型態與方式

在職進修研習的型態、時間與方式，採多元化與彈性化辦理，以符應教師的不同需求。

（四）推動教育資源整合與多樣化策略，支持教師持續進修

包含：整合教師專業發展資訊平臺、提升教師資訊素養，以推動永續專

業發展、發展與營造支持性的在職進修環境。

（五）立法規範教師在職進修義務和保障教師在職進修權利

1. 立法規範教師進修：研議修訂《師資培育法》，賦予教師在職進修的法源依據；制訂《教師在職進修辦法》，明確規範教師在職進修目的、適用對象、在職進修項目、進修方式、辦理機構、進修時間、帶職帶薪進修應遵行的事項、研習性質與時數規定及獎勵等事宜。
2. 將教師進修時數與成效列入教師成績考核項目。

（六）完善並強化多樣化配套措施，支持教師在職進修

包含：統籌教師在職進修資源與訂定各項獎勵措施、建構教師在職進修支持網絡。

（七）強化教師在職進修評鑑機制

包含：建立教師進修需求評估機制，如建構教師在職進修需求的評估指標；建構教師在職進修評鑑機制，透過教師在職進修的成效檢核及回饋機制，檢視教師在職進修的實施成效，進而開展有針對性的改進作法。

三、方案評論

對於本方案的落實，提出以下配套方案。

（一）建立教師在職進修研習的評鑑機制，作為補助辦理教師在職進修的經費依據

教育行政機關對於教師在職進修研習的實施，有必要且應該要編列經費來給予支持；因此，教育行政機關應有權利及義務嚴格把關教師在職進修的成效，其方式可以藉由檢定考試、校方評量、研習成果報告，或其他評鑑機制等

方式檢核。藉由建立教師在職進修研習的評鑑機制，追蹤並檢討教師在職進修研習的成效，發展教師在職進修研習的品質保障機制。教育部可依據各單位辦理教師在職進修研習的評鑑情形，作為補助各縣市政府及相關單位辦理教師在職進修研習的相關經費，避免因縣市或相關單位資源不同，阻礙教師在職進修研習政策之推動。各單位於獲得經費補助後，應持續落實評鑑機制，以利教育部瞭解各單位辦理教師在職進修研習的成效。

（二）研擬教師在職進修研習列入教師年度成績考核項目

當前少子女化問題日趨嚴重，且在近年來教育的改革風潮之下，家長、學生及社會大眾已經對教育品質與教育績效產生高度的重視與深切的期許，舉凡學校課程安排、教師教學實施、學生學習內容、教師專業增能等議題，不斷被熱烈討論與檢視，教師的專業問題受到社會各界的關注，例如：許多教師專業團體以教師專業發展為口號，藉以強化教師專業角色與形象；許多大學校院發展「教師基本績效評量」、「教師專業表現指標」及「學生評鑑教師教學」等，來確保學生受教的權利與品質；依據「全國教師在職進修網」統計，大部分中小學教師的進修研習時數都已達四十小時以上，顯示教師主動參與專業成長與專業發展的表現積極。因此，配合教師參與專業發展的積極趨勢，未來在辦理教師年度成績考核時，研擬檢核教師在職進修研習之基本時數及學習成效，並將其列入教師年度成績考核之項目，以彰顯教師專業發展的形象。

（三）研訂教師專業發展相關法規，以確保教師在職進修之權利與義務

雖然當前我國教師經由師資培育機構的職前教育、學校現場的教育實習，經檢覆成為合格教師、經甄試進而進入職場，理應具備足夠的教學專業能力，但由於知識變遷快速、資訊來源多元，使得教師的專業知識必須不斷地跟著時代腳步前進，邁向終身學習的新時代。然而，目前我國教師進修與研習之教師專業發展策略，由於《高級中等以下學校及幼稚園教師在職進修辦法》的廢

除，導致教師參加在職進修的權利與義務未能有法律明確規範，造成教師在職進修推動上的困境，因缺乏教師在職進修之義務規範，即使教師不參加進修，也不會對其產生不利的影響。對照日本教師在職進修之權利與義務在《教育公務員特例法》有明確規定，我國有必要盡快重新擬定相關法規，作為在職進修制度的最高法源依據，促進教師專業發展的提升，確保教育素質的優良，以提升教師的專業表現，進而促進教育品質的提升。

方案 **14**

發展實踐本位教師學習方案

· 張德銳

一、方案背景

　　長期以來，中小學教師的專業發展素以研習進修為主，惟自 1980 年代起，教育界日益重視實踐本位教師學習。實踐本位教師學習（practice-based teacher learning）係指教師在教學現場的實踐與學習，透過不斷思考教學本身所需的實務技能，反省實踐與協同合作研究有關教室教學實務，以提升教學實務智慧。誠如杜威（John Dewey）的名言：「從做中學」（learning by doing），實踐本位教師學習有其深遠的教育意義，其與教師進修係當代教師專業發展中兩個並行不悖的主軸，可以發揮相輔相成的功效。

　　實踐本位教師學習強調教學現場中「學為良師」的歷程，在我國師資職前培育向來「重理論、輕實務」，以及教師專業發展活動中「重在職進修活動，輕現場反思學習」的實務中，並沒有獲得足夠的重視。然而，國內不論對於實習教師的研究（如簡頌沛、吳心楷，2010），或對初任教師的研究（如陳國泰，2003），或對資深教師的研究（如林廷華，2008）皆指出，教師實務知識的發展始於實際的教學經驗，而反省性教學（reflective teaching）是促進教師實際知識的關鍵。

二、方案重點

　　有鑑於實踐本位教師學習的重要性，「師資培育白皮書」乃提出下列三個方案重點。

（一）鼓勵教師教學省思及專業對話

　　為促進中小學教師在教學實踐中有效的學習，有必要鼓勵教師進行教學省思及專業對話。換言之，一位精進的教師會充分備課，會做好「行動前省思」、「行動中省思」以及「行動後省思」，以作為不斷改進與成長教學的依據。另外，為了讓教學省思發揮更大的功能，教師們會在信任合作的氛圍下相互對話、分享經驗、質疑對方觀點，刺激彼此跳脫原有的思考框架。

（二）鼓勵教師進行有關教學實務的研究與教材教法的研發

　　在強化教師行動研究方面，光是研習進修，仍無法確保教師將研習成果實際應用於教與學，因此有必要鼓勵教師發現問題、診斷問題、研擬行動策略，以解決教學問題，進一步促進專業發展。在加強教材教法研發方面，現代的教師不應只是知識的傳遞者，而應參與知識的建構過程。對於課程綱要或教科書的內容，必須透過自己對教材的理解詮釋；對於教科書不足處或校本課程則必須加以研發，並且和教師同儕一起分析、討論教材、發展適宜學生的教學方法，然後在教室中加以實踐、省思、改進與成長。

（三）推動教師專業發展日／週

　　最後，除鼓勵教師進行常態性的課程教材教法之研發與教學實務分享交流外，亦可由學校在學期結束後、開學前，辦理較長時間之「教師專業發展日」，以避免平日過多的校內外研習影響教師的日常教學活動。當然，各項教師專業發展活動並不一定要全體教師參與同一個聽講活動，也可以是以學年、

學習領域，或跨學年、跨學習領域之學習社群為單位的工作坊。主持工作坊的專家學者，可以是學有專精的教授，更可以是校內外的教學實務人員。

🗒 三、方案評論

實踐本位教師學習強調「理論與實務交融」、「知行思三合一」，它可以矯正以往我國中小學教師之學習偏重理論以及教師進修的弊病，在當代教師專業發展中有其時代性的意義，是一個值得在學術研究以及實務推廣上加以倡導和深化的理念與運動。

實踐本位教師學習之理念，同樣地亦適用於師資職前培育。因此，師資培育機關應強調師資生除了修習課程外，宜特別重視教學現場的實踐與學習。對於師資生應要求一定的教學現場服務與學習時數；而對於師資生之輔導，各師資培育之大學可規劃聘請教學實務經驗豐富之現職教師或行政人員，擔任師資生之臨床師傅，透過個別與團體輔導方式，增進師資生在課程設計與教學、班級經營與輔導、行政領導與管理等方面的實務智慧。

惟中小學教師及師資生在進行實務學習時，宜特別注意與教育理論的統合，以建構出更具有系統性、完整性的知識，以免流於知識的瑣碎與零亂。當然，對於教師個人所發展出來的實務知識，宜鼓勵其加強知識的管理與分享，俾使具個人性、隱默性的知識，有機會發展成為更具有公共性、顯明性的知識。

參考文獻
林廷華（2008）。**兩位資深幼兒教師實際知識及其發展歷程之研究**（未出版之博士論文）。國立屏東教育大學，屏東縣。
陳國泰（2003）。教學知識的發展：一位國小初任教師學習教學的歷程。**國立臺北師範學院學報**，26（2），225-256。
簡頌沛、吳心楷（2010）。探討教學歷程中信念、知識與實務的相互影響：一位高中實習教師的個案研究。**科學教育研究與發展季刊**，56，75-104。

方案 *15*

建構教師支持與輔導方案

・張德銳

一、方案背景

自 1980 年代起，對教師個人、課堂實務和教學生活中的經驗知識，雖然不同學者賦予不同的名稱，例如：「教師個人實踐理論」（teachers' personal practical theories）、「實踐理論」（practical theories）、「教師的策略知識」（teachers' strategic knowledge）、「實踐知識」（practical knowledge）等，但投入師資培育計畫與學校中的教師們，都相當肯定實踐本位教師學習可以形塑教師「實踐中的知識」（knowledge-in-practice），其重要性實不容忽視。

雖然教師在教學現場的實踐與反思可以視為單獨且具高度個人主義的，但也必須透過和他人的溝通及對話來提升。其次，實踐反思需要注重的並不只限於個人的教室教學，而且要注意到教學的環境脈絡，而教學環境脈絡的掌握，是需要學校所有成員共同參與的。因此，如何鼓勵、支持教師與同儕的專業互動，並提供給教師在現場學習、解決問題時的校內外教學輔導系統，亦是當代教師專業發展的重要策略之一。

二、方案重點

有鑑於教師於實踐本位教師學習中，必須有一個支持、協助、輔導的系

統，「師資培育白皮書」乃提出下列五個方案重點。

（一）擴大辦理教師專業發展評鑑方案

　　教師專業發展評鑑係教育部於 95 學年度起，為協助和支持教師專業成長、增進教師專業素養、提升教學品質，所推動的教師評鑑工作，它和教師績效考核是脫勾處理的，更和教師分級制度無關。潘慧玲、王麗雲、張素貞、吳俊憲、鄭淑惠（2010）的研究發現，95 至 97 學年度全國試辦教師專業發展評鑑的學校參與率在 3% 至 12% 之間。據教育部承辦單位的統計，100 學年度達 26%，102 學年度達 40%。以近七年來的推廣情形而言，其普及率雖有相當的進展，但仍有大幅成長的空間，再漸進擴大參與校數和教師人數以及提升辦理的品質，應是教育界多數人士所共同的期望。

（二）推動教師專業學習社群

　　專業學習社群（professional learning community）是由一群專業工作者所組成之學習與成長的團體，其強調「合作」的概念，成員之間對專業有共同的信念、願景或目標，透過成員之間的省思對話、探索學習、協同合作及分享討論等方式，來促進服務對象之學習成效的提升，並精進自身的專業素養（張德銳、王淑珍，2010）。這種教師學習方式係國內外目前相當受教師的歡迎與肯定，很值得進一步應用和推廣。

（三）建立教學輔導教師制度

　　有關教學輔導教師（mentor teacher）制度，在英、美、紐、澳等先進國家均行之有年，其主要扮演同儕輔導人員（peer coach）、支持提供者（support provider）、專業發展協作者（facilitator）的角色，此制度之建立對於促進教師專業自主與教師專業能力之提升，卓有成效。

　　在我國，臺北市於 90 學年度開始辦理，教育部從 2007 年開始在教師專業發展評鑑方案中加以推廣。教學輔導教師目前主要是由資深優良教師兼任

之，輔導與協助下列服務對象：(1) 初任教學三年內之教師；(2) 新進至學校服務之教師；(3) 自願成長、有意願接受輔導之教師；(4) 經評鑑認定未達規準之教師。張新仁（2010）建議，未來可視少子化教師超額趨勢，逐步邁向教學輔導教師專職化，並可研議擴及至各校各學習領域，設置專職化教學輔導教師，增加減授時數。

（四）鼓勵發展教師領導

張德銳（2010，頁85）指出，教師領導係「教師依其正式職位或以非正式的方式，在教室內，特別是超越教室之外，貢獻於既是學習者也是領導者的社群，而影響他人一同改進教育實務，進而提升學生學習的歷程」。國內外的研究，如賴志峰（2009）及 Katzenmeyer 與 Moller（2009）指出，教師領導確有直接激勵教師專業地位、強化教師專業成長、提供教師專業生涯升遷、影響教師同儕發展、改善學校文化、促進學校革新等效能，能間接提升學生學習成效的巨大潛能。

教師領導雖然具有促進學校革新的能量，惟在國內中小學的應用情形仍不普遍，可說是一個仍亟待喚醒的沉睡巨人。在實務推廣方面，各級學校宜廣為遴選、培訓、發展優良教師成為學校的教學領導者，然後提供必要的領導舞臺與資源。就教育行政人員而言，宜積極訂定有利教師領導的政策，例如：有效推動教學輔導教師制度以及補助各校推動專業學習社群，並在經費預算、督導考核上全力協助各校推動教師領導實務。對於師資培育機構而言，亦可運用大學與中小學夥伴協作的方式，實地進駐中小學，協助中小學有效推動教師領導工作。

（五）建構學校─地方─中央的三級教學輔導體制

從學校到地方到中央之三級課程與教學輔導網絡，為當前相當重要的教師專業發展支持系統。然目前教育部所擬建構的「課程與教學三層級推動機制」，仍僅限於中央與縣市輔導團之運作，而未能普及於學校，對於學校教師

的教學幫助相當有限，也相當可惜。有鑑及此，宜早日進行橫向統整及縱向連結學校教學輔導制度，落實從學校到地方到中央的三級輔導體制，俾能發揮從點（中央）、到線（地方）、到面（學校）之全方位教學輔導的功能。當然，誠如張新仁（2010）所言，未來可邁向三級輔導諮詢教師專職化，增加減授時數，以解決人力與時間受限而導致組織功能與運作不彰的困境，促使教師專業發展能獲得穩定與系統性的支持。

三、方案評論

教師專業發展評鑑是否轉型為同時具有形成性與總結性評鑑性質的教師評鑑方案，素為國人討論的熱門話題。惟教師專業發展評鑑係以評鑑為手段、專業發展為目的之教師支持系統，所以此評鑑宜堅守形成性評鑑之本質，不宜轉做為教師成績考核、不適任教師處理機制、教師進階（分級）制度之參據，俾利教師可安心進行教學省思、專業對話與專業發展。若貿然轉型為具總結性評鑑性質的系統，恐將得不償失。

在教學輔導教師制度方面，國內各級學校在推動教師專業發展評鑑時，對於評鑑工作著力較多，相對的對於教學輔導工作則著力甚少，此種偏頗的現象，宜逐漸矯正之。另外，教學輔導教師制度必須與實習輔導教師制度結合。教學輔導教師與實習輔導教師在英文名詞上，同是「mentor teacher」，可見其系出同源，在角色功能與實施技術上更可以互相轉換，例如：臺北市許多中小學在委派實習輔導教師時，便多考慮具教學輔導教師資格者，便是很值得肯定的作法。

在建構學校—地方—中央的三級教學輔導體制方面，我國目前亟待加強中央與縣市國教輔導團的法制化，才能讓團員具有發揮專業能力的法定地位，否則連招聘時就已不易吸引優秀人才任職，爾後如何能發揮專業功能？另外，與學校教學輔導教師的連結也亟待建立，才能發揮由點、到線、到全面性的教學輔導功能。

參考文獻

張新仁（2010）。子議題五：強化教師進修機制，促進教師專業發展。載於教育部（主編），**師資培育與專業發展：第八次全國教育會議十大中心議題（柒）**（頁61-75）。臺北市：教育部。

張德銳（2010）。喚醒沉睡的巨人：論教師領導在我國中小學的發展。**臺北市立教育大學學報教育類**，41（2），81-110。

張德銳、王淑珍（2010）。教師專業學習社群在教學輔導教師制度中的發展與實踐。**臺北市立教育大學學報教育類**，41（1），61-90。

潘慧玲、王麗雲、張素貞、吳俊憲、鄭淑惠（2010）。**試辦中小學教師專業發展評鑑之方案評鑑（II）**。教育部教育研究會委託專案研究成果報告，未出版。

賴志峰（2009）。教師領導的理論及實踐之探析。**教育研究與發展期刊**，5（3），113-144。

Katzenmeyer, M. H., & Moller G. V. (2009). *Awakening the sleeping giant: Helping teachers develop as leaders* (3rd ed). Newbury Park, CA: Corwin Press.

方案 16

規劃推動教師專業發展激勵方案

・張德銳

一、方案背景

除了鼓勵教師參加研習進修以及在教學現場實踐與學習之外，教師的專業發展仍必須要有一個激勵和督促成長系統（李麗玲等人，2009）。衡諸教育現實，臺灣中小學教師固然大多數是願意立足專業、永續成長的教師，但是難免會有安於現狀、停滯不前的教育工作者。對於持續精進的教師應該提供生涯發展的管道，對於不願意成長或者成長步伐有限的教師，應該透過機制督促其前進，或提供其退場機制。這種有誘因、有驅力的設計，將有助於教師專業發展工作的順利推動。

梁福鎮（2006）指出，我國教師在職進修缺乏獎勵與評鑑機制，以致影響教師在職進修的意願，這對於教師專業的發展甚為不利。吳清山（2010）亦指出，國內教師進修意願不一，影響在職進修成效；就中小學教師進修意願觀之，小學教師要比國中教師強烈，而國中教師要比高中職教師強烈；另外，城市教師的在職進修意願要比鄉村地區教師強烈。如何提升教師進修與發展意願，應是教育部施政重點之一。

二、方案重點

有鑑於教師專業發展必須要有一個激勵機制，「師資培育白皮書」乃提

出下列兩個方案重點。

（一）結合教師專業發展，提供教師行政與教學分軌的進階途徑

　　為提供教師專業發展的誘因，應依教師專長和專業表現，在現行的學校行政軌道外，另行建立一個與行政軌平行但可相互轉換的教學軌。這種行政與教學雙軌的進階途徑，各軌有其對應的專業標準與表現指標、相關專業培訓課程與認證流程，以及各自擔負的職責，其關係如圖 3-1 所示。

　　對於有教學專長但無意願擔任學校行政人員的中小學教師，教學年資滿三年以上教師可擔任學年主任、領域召集人、社群召集人、課發會委員，之後，

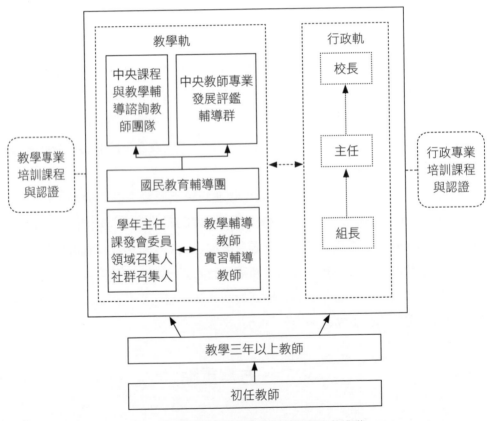

圖 3-1　教師專業發展依專長和興趣分軌進階

具有教學卓越與輔導人格特質者，可初步接受專業培訓成為「實習輔導教師」，再進階成為「教學輔導教師」，經發揮同儕輔導的校內歷練後，進一步接受國教輔導團的人才培育及認證，而成為「縣市國教輔導團輔導員」，進而可被遴選成為「中央課程與教學輔導諮詢教師」。

（二）規劃推動教師生涯進階制度

依據國家教育研究院於 2004 年修訂完成的「高級中等以下學校及幼稚園教師分級實施辦法（草案）」，研議修正《教師法》，推動四級制的教師生涯進階制度。四階教師名稱暫定為「初任教師」、「中堅教師」、「教學輔導教師」、「研發教師」。辦理原則有七：(1) 自願參與原則；(2) 外加獎勵原則；(3)「專業表現」先於「專業成長」原則；(4) 主體互動原則；(5) 分期試辦原則；(6) 階別功能化原則；(7) 配套措施原則。

為激勵教師從事教師領導及教學研究工作，在四級制的教師生涯進階制度中，教學輔導教師得減授時數從事課程與教學輔導工作，研發教師任滿七年得休假進修一學期。

三、方案評論

行政與教學雙軌的進階途徑是為符應學校組織的本質，此即是「雙重系統理論」（dual system theory）。謝文全（2012）指出，雙重系統組織通常搭配使用雙元升遷階梯制（dual promotion ladder），亦即在學校組織中設置兩個階梯，一為行政管理階梯，另一為專業階梯，例如：醫院大多採用雙元升遷階梯制，行政人員做醫院行政方面的決定，而醫生擁有醫療專業知識，有權決定如何醫療病患。據此，為推動教師專業化，自然有必要讓專業教師在教學上有進階的軌道。惟學校行政人員亦多為教師出身，為讓教師與行政人員有交流的機會，在一定的條件下，宜讓雙方有轉換軌道的可能性。

相對於行政與教學雙軌的進階途徑，四級制的教師生涯進階制度雖致力

於調動教師工作及專業發展上的積極性，但在目前的中小學環境下，其推動工作將有更大的困難度。為減少阻力，乃有上述辦理七原則的誕生。另外，為了增加中小學教師參與的誘因，乃有研發教師任滿七年得休假進修一學期的構想。此一構想，另一方面也係比照大學教授休假進修的規定，企圖提高中小學教師的地位能與大學教師並駕齊驅，其用心之良苦，當可顯示於白皮書之字裡行間。

參考文獻

吳清山（2010）。**師資培育研究**。臺北市：高等教育。

李麗玲、陳益興、郭淑芳、陳盛賢、楊思偉、連啟瑞、黃坤龍（2009）。**師資培育政策回顧與展望**。國家教育研究院籌備處委託專案研究成果報告，未出版。

梁福鎮（2006）。我國教師專業發展的現況、問題與對策。**教育科學期刊**，6（2），77-90。

謝文全（2012）。**教育行政學**（四版）。臺北市：高等教育。

方案 **17**

規劃推動教師評鑑制度方案

・張德銳・

一、方案背景

　　相較於英、美等教育先進國家實施教師評鑑已有數十年的經驗，國內在中小學教師評鑑方面仍處於起步階段。由於教師評鑑在國內尚未法制化，長期以來向以年度教師成績考核為主，惟有鑑於教師成績考核制度無法達成教師評鑑促進專業成長的功能，中央及地方政府都曾為教師評鑑展開新的嘗試，例如：教育部為因應各界對實施教師評鑑、促進教師專業發展的期望，乃於2006年制訂「教育部補助試辦教師專業發展評鑑實施計畫」，鼓勵各級學校試辦教師專業發展評鑑，並於2009年進一步將試辦計畫改為正式補助辦理，企圖更全面性地推動形成性教師評鑑工作。

　　惟光只有形成性評鑑，一方面在理論上仍有總結性評鑑需加以規定和處理，另一方面在實務上必須滿足家長團體和校長團體對教師評鑑的殷切期待，乃有規劃更具整全性的教師評鑑系統之壓力與呼聲。

二、方案重點

　　有鑑於教師專業化的進程必須有一個整全性的教師評鑑制度，「師資培育白皮書」乃提出下列三個方案重點。

（一）儘速修正通過《教師法》，取得教師評鑑法源依據，建構整體教師評鑑制度

為了在《教師法》增列有關中小學教師評鑑辦法，教育部將根據國家教育研究院《中小學教師評鑑制度規劃研究報告》所建議之法條文字，在審慎研議後，依程序儘速送立法院審議修正通過《教師法》，以回應社會各界對實施中小學教師評鑑之期待。另外，教育部將另訂「教師專業標準」及「教師專業表現指標」，以做為教師評鑑的依據。

（二）依據教師專業標準，修訂教師評鑑規準、研發評鑑工具、培養評鑑人才

吳清山等人（2011）指出，推動落實教師評鑑的關鍵在於優質的評鑑人才。教育部將比照教師專業發展評鑑之人才培育三階段模式，以專業訓練加速培養教師評鑑之人才，並推動教師評鑑人員專業證照制度，建立教師評鑑人員資料庫，以提升教師評鑑人員的專業能力，確保評鑑品質與公信力。另外，需研發具有高度信度和效度之評鑑工具，研訂教師評鑑實施手冊，責成評鑑人員公平客觀地進行評鑑工作，並適當地運用評鑑結果，建立教師績效評鑑的申訴制度，給予教師充分合理的權益保障。

（三）落實教師成績考核

有鑑於建立完善的教師評鑑制度需要長期規劃，況且立法期程無法預期；因此，在教師評鑑立法尚未通過之前，教育部將審慎研議國家教育研究院所提出之「高級中等以下學校教師成績考核指標與檢核表」，邀請教師成績考核利害相關人研議後，作為落實「公立高級中等以下學校教師成績考核辦法」之參據。

📖 三、方案評論

為順利推動教師評鑑工作，建議教育部要加強啟動立法程序，並持續凝聚教師團體、家長團體以及校長團體的共識，以推動教師評鑑入法。惟目前教師團體並不支持教師評鑑入法，除非法條中明訂與教師團體協商的機制。依本文的意見，有關教師團體所建議透過團體協商研擬教師評鑑事宜，基於先進國家（如美國）之教師評鑑確有團體協商的機制，建請教育部可以考慮參酌採行。

衡諸教師評鑑立法事宜，在教師團體的反對下，目前仍有許多爭議與變數。在立法尚未通過前，教育部可把握較充裕的準備時間，除了加強推動教師專業發展評鑑以及更全面性地培育評鑑與輔導人才之外，亦宜加強教師專業標準的建立，以作為師資職前培育、導入輔導、在職專業發展，以及評估教師專業表現等之依據。惟為促使「教師專業標準」具有全國性的實施共識，以及易於轉化為將來形成性與總結性的評鑑指標，建請教師專業標準研發機構宜加強與教育界及實務界的溝通，並凝聚各界對教師專業標準的共識。

此外，目前落實教師成績考核亟有必要，惟教師成績考核影響教師權益甚鉅，建議教育部宜傾聽基層聲音並審慎研議國家教育研究院所提出之「高級中等以下學校教師成績考核指標與檢核表」，以作為「公立高級中等以下學校教師成績考核辦法」第4條條文之重要內涵。當然該內涵宜簡明可行，以及不宜增加基層教師過多工作負擔為原則。其次，學校如何公開考核程序並建立標準作業流程，以及健全考核組織，落實平時考核，責成考核委員摒除人情困擾，依法確實執行考核辦法，亦是教師成績考核亟待努力的地方。

參考文獻

吳清山、曾憲政、張德銳、張新仁、陳榮政、洪詠善（2011）。**中小學教師評鑑制度規劃研究報告**。教育部委託之專題研究成果報告。新北市：國家教育研究院。

方案 **18**

加強不適任教師輔導與處理方案

・張德銳

一、方案背景

在傳統社會中，教師社會地位崇高，常與「天、地、君、親」並列。惟近年來臺灣受到社會價值變遷的影響，原本崇高的教師地位日益衰微，再加上師資培育制度的未臻完善，以致教師教學不力、體罰不當、師德不尊、師道不存的新聞事件時有所聞，時有所見。

不適任教師的存在已嚴重影響教育品質，導致學生、家長與教師的投訴與抱怨不斷。然而，處理不適任教師的歷程卻曠日費時、困難重重，長久以來，一直是最讓校長與相關行政人員感到困擾與棘手的。而中小學教師亦常因傳播媒體不時對不適任教師做大篇幅的報導，讓他們感受到教師地位不復以往受尊重，而且有一種「殺雞儆猴」的無形壓力。可見不適任教師之處理確是一個家長、行政人員以及教師皆非常關心的議題，必須在「師資培育白皮書」中加以處理。

二、方案重點

有鑑於不適任教師輔導與處理的迫切性，「師資培育白皮書」乃提出下列兩個方案重點。

（一）加強不適任教師的處理

為加強不適任教師的處理，教育部應持續檢討並修訂《教師法》等人事法規，以周延規範不適任教師處理之法源條文，例如：合理調整高級中等以下學校教師評審委員會及教師申訴評議委員會的委員結構、限令身體衰弱或罹患精神疾病致不能勝任工作之教師應接受鑑定或治療、改善教師評審委員會審議不適任教師案件的作業流程、賦予各縣市政府得逕予處理不適任教師之權責等。

此外，教育部亦將加強維持運作「不適任教師資訊網」，加強察覺疑似不適任教師，並避免學校誤聘用依法不得聘任之教師。配合「直轄市縣（市）政府落實中央教育政策獎勵要點」之規定，促進各縣市政府積極處理教師不適任問題，以為補助依據，例如：責成各縣市政府教育局（處）結合教師團體、家長團體、教育學者、法律人員等，成立不適任教師處理小組，協助學校進行不適任教師的察覺及評議。

（二）加強教學不力教師的輔導

對於行為不檢有損師道以及經合格醫師證明有精神疾病者，學校應逕行察覺及評議之外，對於教學不力或不能勝任工作，有具體事實或違反聘約情節重大者，則在察覺期之後，需另經二至六個月的輔導期。由此亦可見各級學校建立校本教學輔導機制與系統的必要性。在輔導期，應由學校安排教學不力教師可信任的一至二位校內教學輔導教師或國民教育輔導團團員，對教學不力教師提供教學問題診斷及輔導，必要時可以尋求法律、精神醫療、心理或教育專家之協助與支持。

三、方案評論

加強不適任教師處理是家長團體多年來的強力主張，學校及教育行政機關應予以有效回應，以確保每一位學生都能接受有最基本品質的教學。惟「預

防勝於治療」，為減少不適任教學的產生，加強推動形成性教學評鑑應是一個有效的手段。

其次，學校必須落實年度教師成績考核，以有效察覺不適任教師的情況，才能及早加以輔導和處理，以免到了家長告發時才加以處理，而此時教師的不適任問題早已是「冰凍三尺，非一日之寒」，而難以處理了。

當學校一旦察覺不適任教師的存在，即應成立輔導小組或輔導團隊，對教學不適任教師進行輔導。Nolan 與 Hoover（2008）建議，應成立一個支援團隊（support team），團隊中最少要有一位行政人員及兩位教師（宜受過同儕教練的培訓）；校長應指定團隊中的一位教師，另一位教師則可由不適任教學教師加以推薦。這種以團隊的方式來指導不適任教師改善教學，不但較有效，也可以減輕承擔輔導重責大任的心理壓力。

除了輔導小組扮演白臉的角色之外，更要有處理小組扮演黑臉的角色。為了有效評議不適任教師的表現是否獲得改善、是否可以回到教學正軌，學校處理小組必須依據評鑑標準，由兩位以上小組成員，經常性地對不適任教師的教學表現蒐集教學觀察與教學檔案資料，以及其他有關教學表現數據，以做為教評會審議的依據。

對於輔導期程屆滿時，輔導結果並無改進成效者，即應提教評會審議。學校教評會宜秉公依據具體客觀的證據作成決議，如作成解聘、停聘或不續聘決議之後，應自決議作成之日起十日內檢附教師經輔導後仍無改進成效之紀錄、教評會會議紀錄相關資料及具體事實表，報教育主管行政機關核准，並同時以書面附理由通知當事人。

「程序不對，實質不論」，有鑑於以往學校在處理不適任教師時，在教師申訴或法律訴訟時，常因未遵守正當程序而遭到敗訴，建議教育部在「處理高級中等以下不適任教師應注意事項」中，加入一個確保不適任教師處理的程序正義之附表，並提醒各級學校在處理不適任教師時必須特別注意的地方。

參考文獻

Nolan, J. F., & Hoover, L. A. (2008). *Teacher supervision & evaluation: Theory into practice* (2nd ed.). Hoboken, NJ: John Wiley & Sons.

方案 *19*

制定教師專業標準與教育專業者證照方案

・林政逸

📖 一、方案背景

在先進國家，制定教師專業標準已行之有年。以美國為例，美國的教師專業標準行之多年，且具有相當成效，其中以「全國教學專業標準委員會」（National Board for Professional Teaching Standards, NBPTS）研擬之標準，是其他國家在制定教師專業標準時重要的參照架構。在英國，英格蘭於 2007 年訂定一套教師不同職業生涯階段的專業表現標準，以作為師資培育、在職教師評鑑與教師專業發展之運用，內容分為專業特質（professional attributes）、專業知識與理解（professional knowledge and understanding）、專業技能（professional skills）三大層面。在澳洲，澳洲國家層級教師專業共通標準，分為專業知識、專業實踐與專業協助等三個層面，下設有七個標準。

在我國，歷年來也曾多次制訂教師專業相關標準。教育部為確保師資培育專業化，2004 年委託中華民國師範教育學會依據師資養成、教育實習、資格檢定、教師甄選及教師專業成長等五個層面，研擬具體策略和目標導向之行動方案，提出「師資培育政策建議書」；教育部依據此內容，於 2006 年 2 月 23 日公布「師資培育素質提升方案」，推動完整性的師資培育改革。另外，中華民國師範教育學會於 2006 年制訂之「各師資類科教師專業表現之標準」分為五個向度，分別為教師專業基本素養、敬業精神與態度、課程設計與教學、班級經營與輔導，以及研究發展與進修；而特殊教育教師專業標準另外

附加兩個向度，分別為特教專業知識、特殊需求學生鑑定與評量。此外，曾憲政、張新仁、張德銳、許玉齡於 2007 年進行「規劃高級中等以下學校教師專業發展評鑑規準之研究」；潘慧玲、張德銳、張新仁於 2008 年進行「中小學教師專業標準之建構」。

　　近年來，有鑑於社會對良師的強烈企盼，教育部於 2010 年 8 月 28 日及 29 日召開第八次全國教育會議，將「師資培育與專業發展」納為十大中心議題之一，擘劃未來十年的師資培育發展。此次會議之五項重點之一，即為於《教師法》中列入訂定中小學教師評鑑辦法之法源，並推動訂定「教師專業標準」及「教師專業表現指標」，發展教師評鑑相關機制。此外，依據教育部 2011 年發布之「中華民國教育報告書」，其中第伍項方案「精緻師資培育素質」之具體措施，提及應成立教師專業標準及表現指標專案小組，規劃推動師資職前培育及在職教師專業表現檢核基準；依據「教師專業標準」及「專業表現指標」，落實師資生的特質衡鑑及輔導機制，精進師資培育課程、教育實習及教師資格檢定，發展教師專業成長、教師評鑑檢核指標。

📖 二、方案重點

　　教師雖具有較高的社會地位，但因面臨政治、經濟、社會大環境的變遷、更加多元複雜的校園生態，以及個別差異更大的學生，對於教師的角色期待、職責、使命感等也更高；因此，實有必要透過相關制度與政策的推動，確保師資素質的有效提升。其中，制定專業標準與專業表現指標，導引整個師資培育更為專業化，以精進教師專業素質、提升專業形象，有其必要性與重要性。其次，教育相關人員，如教育行政、學校行政及教育視導人員或是教育專業者（如補教機構教師、國小課後照顧服務人員），因必須負責制訂、執行與評鑑教育政策或是進行教學工作，也必須訂定專業標準及建立證照體系，以作為培育與專業成長的依據。

　　本方案重點有三，說明如下。

（一）研訂各師資類科的「專業標準」及「專業表現指標」

國民小學教師專業標準係以教師專業屬性為核心架構，具有導引師資職前培育專業化發展、促進在職教師專業成長與職涯發展，以及作為檢核教師專業表現之依據等三項目的，也具有引導教師培養、教師專業實踐、教師能力認證、教師成長進修規劃與職涯發展等多方面功能。

（二）制訂教育行政、學校行政及教育視導人員的專業標準

在教育行政、教育視導及學校行政人員方面，兼負制訂、執行及評鑑教育行政政策之職責，除了教育行政、學校行政等專業之外，對於教育事務、學校教育也應有所瞭解。然而，因現行之教育行政主管機關人員，或是學校具有公務員身分的職員，大多是經由高普考、特考、初等考試分發任用，未必具有教育相關背景，也未必有學校任職經驗，不利於教育行政及學校行政專業的提升。為改善此現象，有必要制訂相關的專業標準，作為培育的引導依據，以及發揮促進專業成長的功能。

（三）建立教育專業者證照體系制度

學校因教學需求，常聘請相關專業人員進行教學，例如：傳統技藝人才、特殊才藝人士、閩南語教學人員、國小課後照顧服務人員等，透過證照制度的規範，可確保此類人員具備教育理念或教學專業，有助於確保教育品質。

另外，目前補習班、才藝班、安親班林立，然而這些文教機構的品質不僅良莠不一，且教師的素質亦參差不齊，雖然目前不易規範補習班教師必須具備教師證，但為提升文教機構教師的素質，維護學生受教權益，本方案特別強調應以循序漸進方式，朝向規範補習班教師應該受過專業課程培訓的目標邁進。

三、方案評論

為建立教師終身專業學習的圖像，建立專業標準本位的師資培育，透過規劃研訂「教師專業標準」及「教師專業表現指標」，推動師資職前培育、師資導入輔導，以及教師專業發展表現檢核基準，使師資培育歷程一貫化，形成師資職前教育、實習導入教育、教師專業發展等三個師資培育歷程的連結關係，精進師資培育與專業發展歷程，確保教師專業能力，維護學生受教權，提升教育品質。

其次，除了建立教師專業標準之外，我國也應仿效國外的作法，訂定教育專業人員的專業標準以及相關證照制度，除了可提升教育專業形象，也可發揮引導培育與促進專業成長的功能，如此方能真正落實教育人員專業化的目標。

方案 **20**

發揚師道文化方案

・林政逸

一、方案背景

教師在華人社會文化中是一項特別受重視的專業，所以用在教師身上之用語包括「春風化雨」、「作育英才」、「桃李滿天下」等，對教育工作之神聖性有許多讚美之詞。有關教師工作之神聖性與特殊性，在於他們的工作對象是尚在發展中的幼兒、兒童或青少年，其主要任務是協助尚在發展中的學生發展潛能、進行自我實現與發揮教育責任（楊思偉，2012）。

然而，在現今社會中的師道文化以及尊師重道已經不若往常，主要原因之一在於因政治民主與社會多元發展的改變，教師已不若傳統具有「聖職者」的形象；其次，因為高學歷社會，家長具有碩、博士學位者不在少數，對於學校教育以及教師的教學也往往具有自己的想法；再者，少部分教師因缺少敬業精神、初任教職經驗不足、缺少輔導學生專業知能，報章媒體時有教師體罰、教學不力、親師生產生衝突、性別平等個案之報導；再加上現行高中職以下教師之成績考核流於形式，無法藉由考核制度淘汰不適任教師，不僅影響學生受教權益，也嚴重影響社會對學校以及教師的觀感形象，因此營造尊師重道以及塑造師道文化是當務之急。另外，根據王聰輝（2005）針對中小學校長進行師資培育多元化成效的意見調查，發現中小學校長對師資培育多元化成效並不滿意，而且中小學校長對於師資培育多元化後「師資素質」的成效也不滿意，特別是教師的專業精神與態度方面。

　　其次，雖然整體社會及學校教育生態產生巨大的改變，但是在學校現場，仍舊有許多具有高度教育熱忱、默默犧牲奉獻的教師，其行為德行足以作為表率，因此必須加以表揚，以傳承良師典範。

　　另外，因部分退休教師年紀都很輕，雖然退休但對於教育仍舊保持一定的關心，再加上具有豐富的教育經驗，如能透過制度引進校園，就可以發揮充裕教育人力及傳承教育經驗典範的作用。

二、方案重點

　　本方案具有以下幾項重點。

（一）持續定期進行教師聲望調查

　　我國傳統上對於教師皆持相當敬重的態度，教師也享有崇高的社會地位，古語所謂「天、地、君、親、師」、「一日為師，終身為父」、「良師興國」、「春風化雨」、「作育英才」等，在在顯示出教師的崇高地位與聲望。然而，因為社會環境的變遷，教師的聲望已經較以往下滑，根據金車文教基金會對在職教師的調查，大多數教師深感教師的聲望與社會地位已大不如前。因此，為瞭解社會大眾對於教師聲望之看法，教育行政主管機關宜針對教師之聲望定期進行大規模之調查，相關結果除可瞭解社會大眾對於教師的觀感，也可作為未來調整師資培育課程與活動的重要依據。

（二）建立自我省思的教師文化

　　要營造尊師重道的社會氛圍，首要之道在於教師與教師團體必須反求諸己，重視自我省思。特別是教師對於現今社會現況、教育制度與政策、自身的教學與班級經營等，都必須養成定期自我檢視與反省的習慣。透過不斷的反省，才能不斷精進與專業成長，進而提升教育品質，贏得社會大眾的敬重。

（三）規劃表揚具有良好教育成效且關懷學生的教師獎項

　　雖然現今社會較為功利取向，但是在教育現場，仍有許多認真教學、默默犧牲奉獻的優良教師。為表彰這些教師的偉大教育情懷及良好的教育成效，本方案建議除了持續辦理現有的教師獎項之外，對於各種有傑出表現的教師，也應該規劃設置相關獎項加以表揚；如此，一方面可以有效激勵教師士氣，另外也可以傳承這些優秀教師的良師典範，作為後輩學習仿效之楷模；同時，更可以塑造教師專業、敬業的優良形象。

（四）鼓勵優秀退休教育人員風華再現

　　因很多退休教師年紀都很輕，不僅有良好的體力，且對於教育仍舊有相當大的使命感與熱情，同時也具備相當豐富的教育經驗，因此學校應建立制度，讓這些對教育仍舊相當關心、也願意繼續貢獻心力於教育的退休教師，繼續在校園貢獻心力，例如：可以協助引導學生上下學、協助學校進行補救教學、指導學生閱讀或社團等，如此，不僅可以充分運用退休教師人力資源、彌補學校教師不足的人力，也可以讓退休教師有機會傳承其寶貴的教育經驗，作為年輕教師的楷模。

三、方案評論

　　本方案提到要營造尊師文化，必須依靠教師的自主與自律，特別是近年來，學校發生有關親師生衝突、教師教學不力、性騷擾、體罰等事件時有所聞，必須透過教師自我約束、實踐教師專業倫理，方能落實。其次，因2010年《工會法》修正通過，教師可以籌組工會，對於教師的權益維護有所幫助；然而，教師團體在行使勞動三權時，也應時時謹記以維護學生受教權為最高原則，避免因為過度爭取教師權益與福利，而產生學校行政人員與教師的對立，導致社會觀感不佳，進而影響社會大眾對於教師的觀感。

　　其次，因囿於國家整體財政情況不佳，或部分縣市教育經費拮据，無法提高編制以充裕教師人力，為解決學校教師人力不足的情形，可適度引進具有豐富經驗之優秀退休教師，除可協助交通導護、班級晨光時間、營養午餐指導等工作，也可以協助學校課後照顧班、補救教學、社團等活動，一方面可以善用優秀退休教師之人力資源，另一方面也可以充裕學校教師人力。

　　為喚起社會大眾對教師的敬重，現行教育部或各縣市政府教育局（處）都有相關措施與活動，然而，僅靠政府的力量並不足夠，必須結合民間企業團體、基金會或是宗教團體的資源與人力，共同辦理尊師與敬師的相關活動，方能發揮塑造社會尊師的氛圍。

參考文獻

王聰輝（2005）。**中小學校長對師資培育多元化成效之意見調查**（未出版之碩士論文）。淡江大學，新北市。

楊思偉（2012）。教師是志業不是職業。**國立臺中教育大學教師教育電子報，5**。2013 年 11 月 25 日，取自 http://192.83.167.156/~TEC/e_paper/e_paper.php?serch_e=5&haveksub=wiex

方案 *21*

建立師資培育行政協作體系方案

·陳盛賢、林政逸

一、方案背景

良好師資培育制度的建立，除了師資培育制度本身之外，還需有師資培育支持體系作為重要的輔助。因師資培育制度涉及各階段教育的師資培育、地方教育輔導及中小學、幼兒園教育研究發展，範圍廣大且影響深遠，為整合資源、提升組織運作效能、統籌師資培育相關政策規劃與執行、永續發展教育事業，教育部於 2013 年成立「師資培育與藝術教育司」，以推動專業標準本位之師資培育政策。

二、方案重點

本方案有四項重點：第一是強化師資培育組織、規劃與執行。教育部已於 2013 年月 1 日成立「師資培育與藝術教育司」，訂定組織運作規則，同時制訂專業標準本位師資培育政策，研訂「教師專業標準」及「教師專業表現指標」，精進師資培育歷程，並發揮引導教師在職進修、強化教育專業之功能。

其次，師資培育政策並不侷限於師資培育的過程，「師資培育與藝術教育司」整合分析「學前」、「特殊教育」、「小學」、「中等學校」（國民中學與高級中學）、「高職」等教師專業標準，統合師資職前培育與在職進修，委託師資培育及相關學科之教育專業團體，依據「教師專業標準」及「教師專

業表現指標」，研究訂定教師的師資職前培育及在職教師專業表現檢核基準，落實師資生之特質遴選及輔導機制，精進師資培育課程、教育實習及教師資格檢定，發展教師專業成長、教師評鑑檢核指標。

　　本方案第三項重點在於落實強調以研究與證據為本的師資培育政策，未來推動師資培育政策必須強調具有研究的基礎，並有相關證據的支持。

　　本方案第四項重點在於推動「師資培育數量調控計畫」。教育部為因應少子女化趨勢、平衡師資供需、調整師資培育數量，將建構師資培育數量統計相關推估公式與模型，建立師資培育供需評估機制（持續編纂《師資培育統計年報》）。另外，掌握各師資培育之大學師資培育學系及各類科教育學程實際修習數量，以瞭解師資培育供給情形；同時，透過調查各縣市政府之教師離退、甄選情況並推估甄選需求名額，瞭解師資培育需求情形。最終朝向建立「培育—證照—聘任—進階—離退」的師資供需完整資料方向邁進。

三、方案評論

　　本方案規劃修正《教育部師資培育審議委員會設置辦法》，該辦法於2003 年通過。設立師資培育審議委員會，是我國師資培育政策重要審議之委員會，可見我國對於師資培育的重視；不過，該審議委員會未來可朝以下方向精進。

（一）師資培育審議委員會的組織架構

　　師資培育政策應具系統性及穩定性，因此也需要長期規劃研究，持續監測檢討。師資培育審議委員會成立多年，對於我國師資培育政策有一定的貢獻，惟就其組織與功能觀之，仍有可再強化之處，使其邁向具有師資培育重要智庫功能的委員會。而在人力上，也可考慮提供編制，強化其專業性與運作性，使我國的師資培育能有專業、優質與穩定之發展。

（二）強化師資培育審議委員會的專業審議、建議及諮詢功能

師資培育審議委員會宜透過現有研究成果與統計資料的檢視，以及現場的專業理解，審議我國的師資培育政策。在推動重大師資培育政策前，也可建議政府蒐集重要資料，以評估政策的可行性，並建議政府參酌採行合適、穩當、前瞻的師資培育政策。

另一方面，本方案強調建構師資培育協作體系，未來「師資培育及藝術教育司」應建立與師資培育之大學、教育專業團體、縣市政府溝通之聯繫機制，例如：建立定期督導與評鑑師資培育大學之機制、建立與教育專業團體（含研究）機構協調合作與交流的模式，以及建立與縣市政府協調教師缺額之機制。

方案**22**

完備法令規章方案

・陳盛賢、林政逸

一、方案背景

　　本方案主要的重點在於因應師資培育相關政策與措施的實施，以及「師資培育白皮書」各方案的推動，必須修正師資培育相關的法令規章，例如：修訂《教師法》，明確揭櫫教師應有的圖像；加速修訂《教育人員任用條例》，規範專業教育人員的任用資格；研訂《教師在職進修辦法》，以規範教師每年須進修需求、時數、學分數、方式等事宜；配合《教師法》修正草案，研擬《高級中等以下學校及幼兒園教師進階實施辦法》。

二、方案重點

本方案主要有幾項修法重點：

1.加速修訂《教師法》，明確揭櫫教師應有的圖像。

2.檢討《師資培育法》，健全師資培育政策系統與落實執行。

3.加速修訂《教育人員任用條例》，規範專業教育人員的任用資格。

4.研訂《教師在職進修辦法》，以規範教師每年須進修需求、時數、學分　數、方式等事宜。

　　而在《教育部組織法》及相關組織法規修正方面，本方案主要在於修正《教育部組織法》，成立「師資培育及藝術教育司」，統籌師資培育業務；修

正《教育部師資培育審議委員會設置辦法》調整組織架構，強化其專業諮詢功能。

三、方案評論

有關本方案所提及成立之「師資培育及藝術教育司」，教育部配合行政院組織改造，已於 2013 年 1 月 1 日成立，統籌師資培育業務。

對於教育及師資培育相關法令規章方面，未來有幾項修正方向。以《教育人員任用條例》為例，未來《教育人員任用條例》應與《教師法》充分整合，例如：將《教育人員任用條例》中有關教師條文的部分全部移到《教師法》中規定，剩下的《教育人員任用條例》將僅規範校長、助教、職員、研究人員，以及專業技術人員等（廖世和，2004）。

吳三靈（1996）認為，因《國民教育法》及《高級中學法》修正，校長納入聘任制，職員已歸列在公務人員，以落實公教分途管理之政策，因此《教育人員任用條例》之「任用」應改為「聘任」，以配合《教師法》等相關法規之修訂，符合現行教師聘任之體制。另外，秉持公、私立學校一體之精神，《教師法》已將私立學校納入，《教育人員聘任法》亦應有一致作法；同時，為健全幼兒園管理及制度化，應把幼兒園教師及園長一併納入考量。

另一方面，因應「師資培育白皮書」的規劃，未來可研議配合《教師法》修正，研擬《高級中等以下學校及幼兒園教師進階實施辦法》抑或是研訂《教師證照取得辦法》，形成以教師專業標準本位之證照化體系。

參考文獻

吳三靈（1996）。建構教師待遇制度之芻議。**人事月刊**，23（1），14-24。

廖世和（2004）。**兩岸高等學校教師聘任制度之比較研究**（未出版之碩士論文）。國立政治大學，臺北市。

方案 **23**

確保師資培育品質與擴增功能方案

・林政逸

一、方案背景

　　本方案有兩項重點：第一是要確保師資培育的品質。自 1994 年《師資培育法》施行，師資培育多元化之後，除了師資供需失調的問題，也面臨師資素質下降的隱憂。黃政傑（2006）認為，當前師資培育問題不單純在供需數量不平衡而已，更嚴重的是在師資培育品質之低落，以及一般大學學生兼修教育學程造成普遍的學術水準低落；因此，即使是在師資培育士氣較為低迷的時候，仍舊需要確保師資培育之品質。本方案特別強調必須明確師資培育之大學應該具備的條件，例如：訂定教師員額、學校必須設有師資培育相關系所、支援師資培育課程之授課教師必須具備中小學或幼兒園實際任教經驗等；另外，也希望透過師資培育評鑑，達到獎優汰劣的目標。

　　其次，1994 年師資培育多元化之後，因師資培育供需失衡，再加上少子女化的衝擊，正式教職缺額有限，教師甄試競爭激烈，不易吸引優秀學生修習教育學程，導致師資生之素質下降，若干師資培育之大學逐漸退出師培行列。此種現象導致部分非傳統師範體系之師資培育大學，擔心因為師資培育相當低迷，師資培育會走回傳統以師範體系大學為主之「一元化」培育老路。為避免此種誤解，本方案強調未來的師資培育仍舊是「多元化」，不會走回頭路。

　　因師資培育供過於求，師資生未來擔任正式教職的機會有限，教育部近年來陸續透過各項計畫或經費挹注，協助師資培育大學轉型，如教育部

（2005）透過「推動師範校院轉型發展補助要點」，補助各項措施經費，例如：轉型發展規劃各校定位與特色發展所為之具體措施、因應轉型之行政組織精簡與整合、因應系所調整需購置或更新之設備、因應系所轉型之教師增能的國內外研習活動、因應轉型開設之整合學程、創新領域與教學等課程或活動、強化學術研究與國際交流之國內外研習活動、提升學生素質與就業發展所為之具體措施等。師資培育之大學未來必須在培育優秀教師之外，適度擴充本身之功能，以擴大師資生未來之進路，例如：強化對於學生之生涯與職涯之輔導、培育文教相關產業之專業人才。

二、方案重點

本方案具有兩大重點：第一是確保師資培育品質；第二是鼓勵師資培育之大學擴充功能。

本方案特別強調必須明確師資培育之大學應該具備之條件——建立師資員額、建立教育學程課程發展機制，以及強化師培課程教授實務經驗。在師資方面，為避免部分大學雖設有師資培育中心，但將教師員額挪移至其他系所單位，因此必須訂有教師員額之基準；在課程方面，為培育具備課程規劃與有效教學專業知能的師資生，必須建立教育學程的課程發展與支援機制，統整與結合教育專業課程及學科領域專業課程教師人力；在師培課程教授方面，為避免師資職前教育課程過於理論化，本方案特別強調擔任班級經營、學生輔導、課程與教學、各學習領域教材教法、教學實習、教育實習的授課教師，必須至少具備中小學教學實務經驗，方能結合理論與實務。

在確保師資培育品質方面，透過師資培育評鑑，亦是獎優汰劣、確保師資培育品質的方式之一。教育部於 2004 年發布「大學校院師資培育中心評鑑作業要點」，自 95 學年起師資培育正式推動退場機制，預計經三次評鑑後，使各師資培育大學之師資培育招生量減少 50%，以達成「優質適量、保優汰劣」之政策目標。

　　在擴充師資培育大學功能方面，在面對選修教育學程學生人數銳減，以及推動師資培育退場機制的情勢，師資培育大學宜檢視現有的師資與設備，針對不足處加以補強，如轉型為教育類研究所，同時為因應師資生就業困境，宜加強畢業生的就業輔導與生涯規劃。

　　在傳統師範大學與教育大學方面，因面臨招生與學生素質下滑的危機，吳武典（2006）認為必須運用傳統資源與優勢，提升其競爭力，繼續成為師資培育的主力，例如：加速進行內部改造（角色功能調整）或外部整合（與其他大學整併）、兼扮「穩定市場」與捍衛師資品質的中堅角色、轉化為教師進修機構。在強化師範大學或教育大學競爭力方面，本方案提及籌組教育大學或師範大學聯合系統，此項工作已於 2012 年 6 月由臺北市立教育大學、國立新竹教育大學、國立臺中教育大學、國立屏東教育大學等四校，合作籌組「臺灣教育大學系統」（Taiwan University of Education, TUE）正式成立，透過聯合招生、推動跨校雙學位及跨校學程，整合四校資源、培育師資人才，希望成為國家教育研究院之外的第二個教育智庫。

📖 三、方案評論

　　在確保師資培育品質的目標之下，除了規定教師員額基準、建立教育學程的課程發展機制、強化師培教授的實務經驗之外，師資培育之大學與中小學建立夥伴關係，推動專業發展學校（professional development school, PDS）也是重點之一。透過專業發展學校之建立，深化彼此之間的聯盟關係（association），在這種策略聯盟關係的發展與支持下，與中小學、幼兒園彼此相互合作及協力，除了可結合教育學理與教育實務專家的力量，且能提供師資生結合理論與實務的「臨床」機會，更能拉近師培課程教授與中小學、幼兒園教師之間的關係，共同致力於提升師資培育的成效。

　　另外，本方案重點之一在於「推動師資培育之大學精緻特色發展計畫」、「鼓勵師資培育之大學發展教學碩士」，此項重點已逐漸落實中。以「規劃學

碩一貫，以教學碩士層級為主的師資職前培育課程」為例，國立臺中教育大學
於 99 至 102 學年度向教育部申請「精緻師資培育機制實驗計畫」，該項計畫
主要目的在規劃並推動創新師資培育之模式（「2+2+2」碩士級培育模式）、
研究發展師資培育六年一貫課程、發展領域教材教法教師專業社群、規劃並建
構專業發展學校之網絡。同時，國立臺中教育大學在 99 學年度調整校內組織
體制，於教育學院之下成立虛擬的「師資培育專業學院」，並向教育部申請設
立「教師專業碩士學位學程」，101 學年度進行第一期招生。該學程特別強化
學生的包班教學能力、創意教學能力，以及陶冶學生具備教育愛與熱忱，其最
終目標在呼應教育部於 2013 年 1 月 16 日公布之「師資培育白皮書」所揭櫫
之目標——「具有教育愛、專業力與執行力的新時代良師」。此項新型態之師
資培育實驗計畫的實際執行成效與創新模式，值得後續進一步關注。

參考文獻

吳武典（2006）。師資培育的正思與迷思。**臺灣教育，638**，2-6。
教育部（2005）。**教育部推動師範校院轉型發展補助要點**。2006 年 8 月 27 日，取自
　　　http://140.111.34.69/EDU_WEB/EDU_MGT/HIGH-SCHOOL/EDU2890001/0623.doc
黃政傑（2006）。迅速改善師資培育公費及助學金制度。**師友月刊，466**，27-
　　　31。

方案 **24**

推動師資培育國際化方案

·葉川榮

📖 一、方案背景

　　教育部（2011）檢核目前中小學推動國際化的現況，指出幾項令人憂心的困境：中小學國際教育師資嚴重不足；師資培育單位未將國際教育納入課程內涵；師資在職研習課程未能完整規劃，且進修機會不足；對辦理研習的學校而言，則缺乏全國性的國際教育專業人才網絡及就近諮詢輔導機制。上述現況點出了現行師資培育制度在推動國際化過程中所遭遇到的困境，也突顯出在有限的師資培育課程中，除了要涵養師資生所應具備的深厚教育理論基礎學養外，亦應符應整體環境與國際社會變遷做適度的課程調整，例如：在課程架構中加入具有國際宏觀的新型態師資培育課程，以培養出具有帶得出臺灣、走得進國際能力的優質師資人力。

　　在具體的策略規劃上，黃乃熒（2012）建議可以分成三個面向來推動，亦即大學端應建置國際師資培育的系統、政府端應布建國際教育政策的網絡、學校端應建立校本培訓的機制，而這樣的觀點亦在「師資培育白皮書」的規劃藍圖之中，足供新時代之師資培育機制於推動師資培育國際化時參考。

📖 二、方案重點

　　本方案提出四項促進師資培育模式中促進國際化教育策略，分述如下。

（一）建構國際化學習環境與人才培育機制

　　我國師資培育大學長期致力於教育理論本土化，且扎根於本土學校田野資料之建立，已有許多豐碩研究成果。當前國際教育學術交流日益繁多，臺灣教育研究成果亦成為許多國家取經、合作之重要據點。師資培育大學應趁國際師資培育追求碩士化（楊思偉、葉川榮，2012）與專業化的浪頭，藉由與國外知名大學進行學術合作與學制接軌之機會，提升我國師資生的人才培育品質。

（二）活絡師生國際交流與文化體驗學習

　　透過與國際優良師資培育大學之學術結盟的合作協議，塑造我國師資生參與國際學術會議與國際文化交流的機會與層次。具體的策略可以在我國或國外合作的學校共同辦理文化體驗營，或是舉辦以相關學術性主題為主的假期營隊，甚至是投入國際志工教育營隊，替國際社會盡一份心力，亦能將這樣的文化關懷與國際視野帶回我國教學的現場，真正促進中小學教育之國際格局。

（三）扎根培育師資生具國際觀涵養與探索差異教學的能力

　　國內師資培育機構的學生主要專業在於教育領域之理論實際運用，然為因應國際參與能力與機會已成為不可阻擋之趨勢，加上未來師資將面對來自國際的學生、師資，勢必要在教學的多樣性、專業性上兼顧不同族群的差異性需求。在課程的進行與安排上，應充分強調教師專業倫理與犧牲奉獻的理念養成，在國際弱勢族群學生的教育上多投入心力，將所學貢獻在國際教育的推動上。目前，臺灣已經有許多優質師資團隊走出臺灣教育現場，投入國際教育，散發臺灣教育之生命力與能量，並將這樣的專業再帶回臺灣的教育現場，使新一代的師資生能夠接觸到國外最新的差異化教學現況，將教育的熱忱傳遞給臺灣與國際上需要關懷的各弱勢族群。

（四）推動現職教師赴國外學習

　　針對已經具有正式教職的教師，可以針對某些教學上的需要或議題，申請經費補助或是專案補助，以增進在職教師之國際視野，例如：在推動學習共同體的議題上，教育部已經針對許多國中小教師提供經費補助，讓其前往日本向佐藤學教授或濱之鄉小學親自交換學習經驗，有助現職教師真正走出教室，投入國際教育改革的田野之中。

📄 三、方案評論

　　教育部（2011）建議，中小學的行政人員需具備處理國際事務的概念與能力，中小學教師則需具備發展國際教育課程及教材的能力。為有效推動國際教育，由教育部統籌規劃教師專業成長課程，建立國際教育專業知能研習及認證機制，鼓勵教師參與研習及認證。藉由教育部定期辦理研習，支援所有學校長期推動所需之專業人力。另一方面亦透過經費補助方式，鼓勵中小學結合社區內其他學校，共同邀請國際教育專家辦理，以滿足若干學校積極培育人力之需求。而這樣的人才與國際視野除了以在職的方式補助之外，也應該在師資培育的階段就予以培養。臺灣在師資教育的培訓與學術研究一向都位於頂尖的地位，但在國際教育志業的參與度與投入程度上卻一直難以突破。而師資培育機構應力求讓師資培育跟上國際發展趨勢，此即為邁向碩士化培育，如此亦可讓我國之師資培育模式與國際先進國家接軌，在國際上提供達碩士程度的師資，將我國優質之師資培育經驗推向國際化。

參考文獻

教育部（2011）。**中小學國際教育白皮書**。臺北市：作者。
黃乃熒（2012）。**全球領導與國際教育**。臺北市：學富。
楊思偉、葉川榮（2012）。從歐美日主要國家與中國大陸師資培育模式省思臺灣現況。**教師教育期刊，創刊號**，1-19。

方案 **25**

強化地方輔導及教育實務研究方案

・葉川榮

一、方案背景

在我國的師資培育制度中，各師資培育大學對該校所屬區域及鄰近地區之地方教育，負有輔導及進行教育研究之責。若以原住民族地區教育之輔導為例，教育部對於偏鄉原住民族地區之中小學，希冀師資培育機構或大學能夠進行巡迴訪視輔導，以提升原住民族地區中小學之師資品質、學生學習狀況、族語教學等項目之成效，特訂定「師資培育之大學申請辦理地方教育輔導工作經費補助要點」，提供相關經費補助。該要點關於「原住民族地區地方教育輔導」促進補助方案之條文，如表 3-2 所示。

教育部為落實原住民族教育，特委託師資培育大學持續追蹤原住民族教育實施的現況，並給予經費補助。其用意亦在於讓師資培育機構之教授能夠確實掌握原鄉地區教育的現況，除了協助改善教育現場教與學的精進之外，亦期盼能將現場面臨的文化議題、教學困境回饋到師資生的培育課程之中，將教育的熱忱、關懷與實踐納入師資生的養成過程裡（葉川榮、李真文、陳盛賢，2013）。同樣地，歷年來師資培育大學所培育出來的師資陸續進入鄰近輔導區域任教，基於專業成長與品質管制之需求，師資培育機構仍然扮演著重要的職涯輔導角色，透過更緊密的教學研究、臨床教學、專業發展學校等措施，將師資培育端與師資聘用端結合起來，共創雙贏的局面。

表 3-2　教育部辦理原住民族地區地方教育輔導工作項目

實施項目	實施範圍	實施方式	相關配合辦理單位
原住民族地區中小學教育輔導	1. 師資培育大學對各原住民族地區中小學之巡迴輔導。 2. 加強對原住民族地區中小學之師資品質、學生學習狀況、族語教學及升學等問題之瞭解並協助解決問題，以有效提升原住民族地區之教育成效。	1. 原住民族地區中小學之巡迴輔導。 2. 進行原住民族地區進修需求調查，規劃開班及活動類別。 3. 辦理原住民族地區教師進修研習活動。 4. 辦理原住民族教育研討會。 5. 辦理原住民族地區教材教法研討會。 6. 辦理原住民族教學研究推廣研習。	本部中部辦公室、臺北市與高雄市政府教育局、各縣（市）政府（含福建省金門、連江縣）、各高級中等以下學校及幼兒園。

資料來源：教育部（2009）

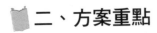

二、方案重點

　　本方案針對強化師資培育大學與所屬鄰近區域學校之輔導與共同研究關係，提出下列三項策略。

（一）強化地方教育輔導功能

　　長期以來，師資培育大學即在鄰近區域選擇辦學績效優良的學校擔任實習學校，並與該校進行教學策略革新之研究，且提供實習生有一個能夠真正將理論化為實際的場域。如今這樣的關係逐漸被弱化，但仍有師資培育機構與鄰近辦學績優學校簽署合作關係，共同設立「專業發展學校」，並落實臨床教學之夥伴關係。在實質的教學—研究的互惠原則之下，師資培育大學對地方教育輔導的功能即能順利開展，並提供最新知識與地方教學現場。

（二）加強教育實務的研究

教育研究的田野永遠都在學校裡，但教育研究不能永遠沉浸在文獻的堆積裡，於是透過師資培育大學與教學現場建立起的專業發展學校關係、臨床教學策略，配合大學端內已設立的各種研究中心，可將教學現場的真實現況當作研究的題材，並轉化為精進教育理論與教學實務做連結的各種策略，以真正能將長期惡化於教育現場的沉痾做一徹底性的扭轉。

（三）加強師資培育之大學、中小學及地方教育行政機關的關係

師資培育大學、中小學及地方教育行政機構在以往存在有某種上下依屬關係，長期以來則為被動式的獨立運作模式。但在現代，三者之間的關係則發展成夥伴互生的依存關係。中小學第一時間發現教育現場的現況並反映給地方教育行政機關，而地方教育行政機關則將教育現場之聲音反映給對師資培育大學的培育模式、政策執行、師資培用之具體改進，以求師資培育大學能夠真正產出符合教學現場所需之優良師資。

三、方案評論

教學的真正精進有賴於行政機關、培育機構、聘用單位（中小學）三方的攜手合作，才有可能真正將教育理論推動於教學現場之中。之後尚須透過地方輔導與教學研究的策略，才能真正將教學現場的待改進事項列入師資培育課程革新的改良項目之中，也更能將學界端與現場端的共同需求，反映在教育行政的推動之上。而目前師資培育之大學、中小學、地方教育行政機關更形成一種革新的師資培用聯盟機制，一種類似相互依存的生命共同體，也唯有如此，臺灣師資培育的精神與品質才能符合學—用兩端的共同期待。

參考文獻

教育部（2009）。**師資培育之大學申請辦理地方教育輔導工作經費補助要點**。取自 www.edu.tw/files/site_content/B0035/1_3.doc

葉川榮、李真文、陳盛賢（2013）。與原鄉文化接軌的師資培育芻議。**教師教育期刊**，2，73-87。

方案 **26**

教育行政與學校專業人員專業發展方案

・葉川榮

📖 一、方案背景

　　學校教育的順利推動有賴於教育行政與學校專業人員的高度專業性，而考諸現行相關法規，本方案針對發展教育行政與學校專業人員之專業成長機制與證照制度做一全面性規劃。在學校教育人員的專業需求之外，亦希望能提供師生一個安全學習、安全工作的優質環境，輔以充實輔導人員的專業度，好讓校園裡充滿著專業與溫馨的氣氛。

　　在學校行政與專業人員的進用上，相關職位的福利、專業形象、獎懲制度，甚至是否有良好的培育制度、職前導入策略，乃至於在職的進修管道是否暢通，皆是優秀人才考量是否投入該項專業的重要考量，也就是相關的配套措施若能夠落實其專業化的思維，相信我國之教育行政與學校專業人員將會是一個高素質的優秀行政團隊。

📖 二、方案重點

（一）檢討與整合現有法規與資源，規劃教育與學校行政人員的專業發展與升遷制度

　　在教育行政體制中，有許多職位並未完成專業化培訓的規劃，包含職前

訓練、職中進修或職涯增能等相關專業成長之課程，故需整合政府人事機構或人力培訓機構，以推動規劃良好的專業成長課程與完善的升遷制度，讓優質之教師與教育行政人員能充分發揮所長。

（二）進行教育與學校行政人員的專業發展需求評估，規劃多元專業發展課程

許多教育與學校行政人員透過考試後直接聘任，在導入職業的初任階段，或是需要專業再度成長的職中階段，皆須評估各職位人員有何專業發展上的需求，再委由中央機關或師資培育之大學設計相關成長課程，供其進修。

（三）針對主要行政職位規劃核心能力，作為升遷考量的參考

公務系統之行政職位常常由許多任勞任怨之公務員擔任，在多年的賣力付出之後卻缺乏一公正可靠的升遷機制，最大的問題則在於行政職位的核心能力指標尚未建立，難以有具體可依循的指標來評斷工作績效。基於此因，主要行政職位的核心能力應儘速訂定，以做為暢通升遷管道之依據。

（四）開設培育課程及激勵教師擔任行政工作

有些績優教師對於職業的規劃為擔任行政，有些則否。基於促進組織健康、讓組織良善發展的考量，應提供一些專業成長課程，以增加績優教師擔任行政工作的意願，並做好相關的配套獎勵措施，以確保教育人才都能適才適所、發揮所長。

（五）配合《高級中學法》及《職業學校法》之修訂，規範教育與學校行政人員，並增列專業證照與發展相關規定

目前高中、職之教育行政人員的專業要求，尚無明確法律予以規範，造成其專業成長上之缺漏，建議可朝修訂《高級中學法》及《職業學校法》的方向研擬應變措施，並可在修法的契機中要求其具有相關專業證照，以符合新時代

教育、學校行政人員之高專業標準。

（六）中小學總務處組長、人事、會計人員專業化

在師資培育過程中幾乎沒有上述專業人員之培訓課程，但卻在實際操作時要求由教師兼任，除了專業度令人存疑之外，教師投入該專業職位的意願亦不高。我國的公務人員專業度高，相較於專長於教學的教師來說，更適合需高度專業投入的職位，故要求上述職位該由專業、經考試合格之公務人員擔任。

（七）提高相關學校教育支持體系的人員編制與完備相關配套措施

學校教育之成功端賴學校各行政機關之完美運作，除此之外，學校人員的支持體系亦在心靈整全性上占有極大的重要位置。在教訓輔的口號之下，輔導人員永遠是校園中最重要卻最脆弱的一環，而專業的社工師、心理師則成為安全校園的最主要穩定力量。在專業輔導人員的培訓以相關系所培育之外，師資培育機構亦應在教育學程的課程中，加入對校園文化、輔導專業知能、尊重弱勢主題的探討，以求完善一個符合心理衛生、安全校園的友善求學環境。然而，社工人員與心理諮商師、輔導教師的權責與功能在校園中往往是難以釐清的（胡中宜，2011），這也是本方案希冀規劃一個健全的教育支持人員體系與相關完善的配套措施之主要原因。

三、方案評論

本方案針對現行法規中所缺漏的部分，尋求符合教育行政與學校專業人員之專業發展需求的修法空間，提出七項規劃的方向。在師資培育之素質逐漸往碩士學位發展的同時，教育現場的專業人員之專業度與相關評鑑措施，就成為社會大眾所關心的議題。教育行政與學校專業人員在職業倫理的要求上有極其崇高的規範性，然而卻缺乏相對符合教育專業壓力的獎勵與升遷制度，這在公平原則的定義中是不符合比例原則的。若能真正落實本方案之諸多執行策

略，相信在我國教育行政人員的專業要求上一定能符合國內大眾之期許。

參考文獻

胡中宜（2011）。「國民教育法」修正後學校社會工作的發展議題。**社區發展季刊**，135，58-71。

方案 **27**

活化教師聘任制度方案

・林政逸

📄 一、方案背景

　　本方案主要的重點，在於活化教師的聘任制度，使學校教師人力產生流動，促進教師人力的新陳代謝。近幾年來，少子女化的趨勢，以及師資培育供需嚴重失衡的問題，對中小學／幼兒園來說，除了「超額教師」的問題之外，更嚴重的是學校教師人力的新陳代謝明顯降低，甚至逐漸停滯，而造成「想退的退不了，想進的進不去」的現象。鄭嘉偉（2005）認為，受到教師培育供過於求以及少子女化的影響，中小學及幼兒園教師缺額愈來愈少，想要當教師的人中，能夠一償宿願的愈來愈少，也代表學校新血的注入日益稀少，國小師資數量供過於求，使得師資難以新陳代謝。吳武典（2004）也指出目前一個荒謬現象是：有一大批想要當老師的人為求一職而不可得，但是另外有一批老師想退休卻不能如願。屆退的老師想要退休，但是因為地方政府財政困難，必須要排隊等退休，有時甚至還必須想出各種退休的理由才能如願，再加上政府「18%」優惠利率的改革，使得部分想要退休的老師打退堂鼓，暫時打消退休的念頭，教師的缺額因此變少；如此，教師的新陳代謝即產生延緩的現象。像這樣師資新陳代謝遲滯的現象，對於學校教育品質的提升是相當不利的。

　　基於上述背景，本方案提出研議實施「交換教師」與「教師輪調」制度，以活化教師文化與學校文化。

📜 二、方案重點

本方案主要有兩項重點：第一是研議實施「交換教師」制度，此項作法主要是在呼應本方案的重點。現行中小學的教師人力除了教師介聘、教師退休，或是教師甄選上主任、主任甄選上校長等情形有所異動之外，中小學因為少子女化的影響，教師缺額不多，每年新進教師人力相當有限，不僅造成教師人力無法新陳代謝，也造成學校文化與教師文化很難有所更新；因此，本項重點在仿照大學交換教師的作法，研議中小學實施交換教師，一方面可使教師感受到不同的學校文化，學生也可受惠於各種不同專長的教師，而校際之間亦可進行交流，進而達到教師、學生及學校三贏的局面。

本方案第二項重點在研議實施「教師輪調」制度，此項作法主要參照日本的制度，讓中小學教師每隔幾年在鄰近地區進行輪調，經過二至三次的輪調之後，則在最後一所學校發展，如此亦可達成教師人力流動，以及增廣教師視野的目的。惟此項作法因為考量到日本國情與我國不同，日本中小學教師身分也與我國中小學教師不同，因此本方案特別強調，「本案應有完善法律及配套措施始可實施」。

📜 三、方案評論

為促進教師文化更新與人力資源新陳代謝，除上述措施之外，也可思考以下作法：第一是增加提高教師編制與降低班級學生數，如此方可增加教師缺額，以引進優秀教育人才，同時也可化解少子女化造成減班的衝擊。近年來，教育部已規劃因應少子女化精緻國民教育發展方案，並以提升教學品質、穩定教育人力及有效使用教育資源為重要策略目標，在不增建教室原則下，採全國統一逐年降低班級學生人數，即 96 學年度起小一新生編班人數降為三十二人，至 99 學年度起全面降為二十九人，並適度考量增置小型學校部分教師人

力，以員額控管方式，提供適當名額甄選新進教師，以促進學校教師之良性循環（潘文忠，2006）。

　　第二，要活化教師聘任制度，也可研議思考改變現行的由學校進行聘任教師的制度，或可研議由現行學校聘任改為縣市聘任，更可真正活化教師聘任制度。第三，教師人力新陳代謝遲滯，其原因之一是現行的《公立高級中等以下學校教師成績考核辦法》無法發揮功能，絕大部分的教師每年考核皆是甲等，考核制度已經流於形式。未來學校考績委員會應確實考核教師，對於不適任或已無意教學的教師，進行妥善處理，如此才能夠獎優汰劣、促進教師的新陳代謝，並提高教師素質。

　　在教師輪調制度方面，因日本國情和制度與我國不同（日本教師具有公務員身分），且此項制度涉及層面甚廣，包括教師聘任、教師意願等，因此必須審慎研議，有完善法律及配套措施方可實施。

　　另外，本方案原先訂有實施「約聘教師」制度，以及考量到現行教師代理制度導致代理代課教師每年都要參加考試，不僅造成教師必須分心於教學以外的事情，且不具有聘用上的彈性，無法給予表現優異的代理代課教師較多的保障與安定感。為解決此項問題，可參照「大學專案約聘教師制度」，以約聘教師取代現行代理代課教師制度，由中小學視情況給予約聘教師每次一至三年的聘期，如此在聘用上較具有彈性，也可給予約聘教師較高的安定感。本項制度教育部已經正式修正法令加以實施。

參考文獻

吳武典（2004）。師資培育與教師專業的挑戰。載於中國教育學會與中華民國師範教育學會（合編），**教師專業成長問題研究：理念、問題與革新**（頁3-24）。臺北市：學富。

潘文忠（2006）。教育部新聞稿：**小一自 96 學年度起全面降為每班 32 人，5 年內再降至每班 29 人**。取自 http://epaper.edu.tw/news/950801/950801d.htm

鄭嘉偉（2005）。**我國國小師資培育政策變遷過程之研究**（未出版之碩士論文）。佛光人文社會學院，宜蘭縣。

方案 **28**

大專教師教學專業發展協助方案

・楊思偉、林政逸

一、方案背景

　　本方案主要的重點，在於教師專業成長乃影響教學效能及學術專業良窳之關鍵因素。目前在國內有關教師專業成長之研究已漸受到重視，但對象多聚焦於中小學教師，至於大學教師專業成長之研究較少。究其緣由，或由於某種刻板印象，認為中小學教師的專業程度較低，而高等教育專業已分化成各專門領域，且多數教師均進行研究，故無須再刻意強調專業成長，此種論點主要將「專業」定位在研究或學術專業，對教學與服務等專業則較少關照（陳碧祥，2001）。惟分析專業成長之定義可知，大學教師專業成長除學術知能之增進外，亦包括教學專業知能、服務知能及道德典範等。職是之故，大學教師專業成長議題之探討亦應給予相當之重視。

　　我國大學教師專業發展所面臨之困境，為缺乏對於新進教師導入階段的輔導。新進教師在面臨新環境時，通常會有一段適應期，會對心理造成衝擊；然而，目前大學對於新進教師較缺乏導入階段的輔導與幫助，新進教師在面臨繁重的研究、教學、輔導學生、行政工作時，學校方面很少提供這方面的導入階段，新進教師只能自行摸索，面臨許多困難。

　　其次，大學教師「教學」專業發展缺乏引導。近年來，大學教育品質迭受批評，其中又以教學品質遭受最多質疑，究其原因，國內大專校院教師雖普遍擁有高學歷及學科專業，但是在教學知能養成上卻相對缺乏。檢視國內碩

博士的養成過程，偏重「研究」導向的學習，忽略「教學」實務的訓練。大學教授在課程研發與教學專業革新方面的欠缺、不瞭解高等教育發展及大學生心理，以及未具備應有之基本學養，是當前大學教學品質未盡理想的主要原因，也是本方案的重點所在。

二、方案重點

　　本方案主要有幾項重點：第一項是強化新進教師的教學與輔導專業能力，希望大學開設「高等教育」、「大學生心理與輔導」、「教學理論」、「課程理論」等相關課程，以提升新手教師的教學與輔導能力；第二項是鼓勵擔任實作教學科目的大專教師具有業界任職經驗，教育部訂有「教育部補助技專校院教師赴公民營機構研習服務作業要點」，鼓勵公私立技專校院專任教師提出申請，希望強化大學教師的實務經驗與技術；第三項是推動教授職涯專業發展，鼓勵大學舉辦各類研討活動、營造教師專業學習社群或教師專業成長團體、實施大專教師同儕輔導制度、建立教師專業成長支持系統與機制，促進大學教師專業發展。

三、方案評論

　　未來在推動大學教師專業發展方面，宜基於自願性、合理性與具價值性之原則，建構適當之教師專業發展機制。「自願性」之原則乃希望激發大學教師之學術良知，及為學生表率之認知，率先自我提升，以建立良好之專業發展觀念，並願意透過不同之內外部檢核機制，以確立自我教育與教學認知之正確性，以及學術專業之水準，並能與時俱進；「合理性」之原則在強調各項運作與檢核機制，應在合理性規範下進行，以具備較高之道德情操、寬闊之胸襟，並能建立較優質之大學校園人文與教學文化；「價值性」之原則強調，大學教師應以學生學習為主，以學生人格培育及職涯發展為最高準則，大學教師在道

德規範上應為學生之表率，應比中小學教師更具道德情操，而在學術專業上，則願意接受研究成果之檢視、教學方法之琢磨，以及接受更多之研習與成長，也願意以公共利益為主，參與大學本身之行政服務，為大學奉獻個人能力。

其次，教育部為鼓勵全國公私立技專校院專任教師貼近產業，以提升實務教學及研發品質，訂有「教育部補助技專校院教師赴公民營機構研習服務作業要點」，惟本要點適用對象僅侷限於技專校院教師，並不包含一般大學教師。考量到全體大學教師除應該具有相關的學術專業知能之外，也應有相關的實務經驗與技術，因此未來前述要點可思考擴大適用對象為所有大學教師，以強化大學教師實務經驗，培育符合產業需求的人力。

再者，我國大學的教師評鑑指標有重研究、輕教學的現象（孫志麟，2007；張鈿富，2008；畢恆達，2009），大學教授升等在強調專門著作升等模式下，於高等教育機構服務之教師將所有的時間與精力投入學術研究之中；此雖可增加學術產出，但是卻也產生一些弊病，例如：升等著作過於強調學術性研究；教師以研究為重、輕忽教學；由中央訂定一套升等制度，未結合學校特色（倪周華，2013）。為使大學教師在教學、研究、推廣服務與產學合作間，能有均衡的專業發展，各大學也應建立適切的大學教師獎勵與評鑑機制。評量教師的績效貢獻，應採用適切的評鑑制度，在大學評鑑、大學教師評鑑及教師升等制度方面，評鑑指標宜具有代表性，不宜偏重 SSCI、SCI、EI 等期刊，應針對學門或學科訂定合適之指標，而各大學之教師評鑑，也應針對研究、教學、輔導與服務等方面加以綜合評量，如此方能使教師願意投入教學、輔導及產學合作方面的專業成長。

參考文獻

倪周華（2013）。**102 學年度推動教師多元升等制度試辦學校計畫說明會**。102 年 7 月 10 日
張鈿富（2008）。大學教師評鑑制度的建立。**教育研究月刊，168**，21-28。
畢恆達（2009，3 月 24 日）。一味追求 SCI 的怪現象。**聯合新聞網**。2012 年 7 月 5 日，取自 http://udn.com/NEWS/OPINION/OPI4/4806750.shtml

孫志麟（2007）。績效控制或專業發展？大學教師評鑑的兩難。**教育實踐與研究，**
　　20（2），95-128。

陳碧祥（2001）。大學教師升等制度與教師專業成長及學校發展定位關係之研究。
　　國立臺北師範學院學報，14，163-208。

附錄

附錄 教師法

修正日期：民國 103 年 06 月 18 日

法規類別：行政＞教育部＞師資培育及藝術教育目

第一章　總則

第 1 條

為明定教師權利義務，保障教師工作與生活，以提昇教師專業地位，特制定本法。

第 2 條

教師資格檢定與審定、聘任、權利義務、待遇、進修與研究、退休、撫卹、離職、資遣、保險、教師組織、申訴及訴訟等悉依本法之規定。

第 3 條

本法於公立及已立案之私立學校編制內，按月支給待遇，並依法取得教師資格之專任教師適用之。

第二章　資格檢定與審定

第 4 條

教師資格之取得分檢定及審定二種：高級中等以下學校之教師採檢定制；專科以上學校之教師採審定制。

第 5 條

高級中等以下學校教師資格之檢定分初檢及複檢二階段行之。

初檢合格者發給實習教師證書;複檢合格者發給教師證書。

第 6 條

初檢採檢覈方式。

具有下列資格之一者,應向主管教育行政機關繳交學歷證件申請辦理高級中等以下學校實習教師之資格:

一、師範校院大學部畢業者。

二、大學校院教育院、系、所畢業且修畢規定教育學分者。

三、大學校院畢業修滿教育學程者。

四、大學校院或經教育部認可之國外大學校院畢業,修滿教育部規定之教育學分者。

第 7 條

複檢工作之實施,得授權地方主管教育行政機關成立縣市教師複檢委員會辦理。

具有下列各款資格者,得申請高級中等以下學校教師資格之複檢:

一、取得實習教師證書者。

二、教育實習一年成績及格者。

教師合格證書由教育部統一頒發。

第 8 條

高級中等以下學校教師資格檢定辦法由教育部定之。

第 9 條

專科以上學校教師資格之審定分初審及複審二階段,分別由學校及教育部行之。教師經初審合格,由學校報請教育部複審,複審合格者發給教師證書。

教育部於必要時,得授權學校辦理複審,複審合格後發給教師證書。

第 10 條

專科以上學校教師資格審定辦法由教育部定之。

第三章　聘任

第 11 條

高級中等以下學校教師之聘任，分初聘、續聘及長期聘任，除依師資培育法第十三條第二項或第二十條規定分發者外，應經教師評審委員會審查通過後由校長聘任之。

前項教師評審委員會之組成，應包含教師代表、學校行政人員代表及家長會代表一人。其中未兼行政或董事之教師代表不得少於總額二分之一；其設置辦法，由教育部定之。

專科以上學校教師之聘任分別依大學法及專科學校法之規定辦理。

第 12 條

高級中等以下學校教師之初聘以具有實習教師證書或教師證書者為限；續聘以具有教師證書者為限。

實習教師初聘期滿，未取得教師證書者，經教師評審委員會審查通過後得延長初聘，但以一次為限。

第 13 條

高級中等以下學校教師聘任期限，初聘為一年，續聘第一次為一年，以後續聘每次為二年，續聘三次以上服務成績優良者，經教師評審委員會全體委員三分之二審查通過後，得以長期聘任，其聘期由各校教師評審委員會統一訂定之。

第 14 條

教師聘任後除有下列各款之一者外，不得解聘、停聘或不續聘：

一、受有期徒刑一年以上判決確定，未獲宣告緩刑。

二、曾服公務，因貪污瀆職經有罪判決確定或通緝有案尚未結案。

三、曾犯性侵害犯罪防治法第二條第一項所定之罪，經有罪判決確定。

四、依法停止任用，或受休職處分尚未期滿，或因案停止職務，其原因尚未消滅。

五、褫奪公權尚未復權。

六、受監護或輔助宣告,尚未撤銷。

七、經合格醫師證明有精神病尚未痊癒。

八、經學校性別平等教育委員會或依法組成之相關委員會調查確認有性侵害行為屬實。

九、經學校性別平等教育委員會或依法組成之相關委員會調查確認有性騷擾或性霸凌行為,且情節重大。

十、知悉服務學校發生疑似校園性侵害事件,未依性別平等教育法規定通報,致再度發生校園性侵害事件;或偽造、變造、湮滅或隱匿他人所犯校園性侵害事件之證據,經有關機關查證屬實。

十一、偽造、變造或湮滅他人所犯校園毒品危害事件之證據,經有關機關查證屬實。

十二、體罰或霸凌學生,造成其身心嚴重侵害。

十三、行為違反相關法令,經有關機關查證屬實。

十四、教學不力或不能勝任工作有具體事實;或違反聘約情節重大。

教師有前項第十二款至第十四款規定情事之一者,應經教師評審委員會委員三分之二以上出席及出席委員三分之二以上之審議通過;其有第十三款規定之情事,經教師評審委員會議決解聘或不續聘者,除情節重大者外,應併審酌案件情節,議決一年至四年不得聘任為教師,並報主管教育行政機關核准。

有第一項第一款至第十二款或前項後段情事之一者,不得聘任為教師;已聘任者,除依下列規定辦理外,應報主管教育行政機關核准後,予以解聘、停聘或不續聘:

一、有第七款情形者,依規定辦理退休或資遣。

二、有第八款、第九款情形者,依第四項規定辦理。

三、有第三款、第十款或第十一款情形者,應報主管教育行政機關核准後,予以解聘。

教師涉有第一項第八款或第九款情形者，服務學校應於知悉之日起一個月內經教師評審委員會審議通過後予以停聘，並靜候調查。經調查屬實者，由服務學校報主管教育行政機關核准後，予以解聘。

為避免聘任之教師有第一項第一款至第十二款及第二項後段規定之情事，各主管教育行政機關及各級學校應依規定辦理通報、資訊之蒐集及查詢；其通報、資訊之蒐集、查詢及其他應遵行事項之辦法，由教育部定之。

本法中華民國一百零二年六月二十七日修正之條文施行前，因行為不檢有損師道，經有關機關查證屬實而解聘或不續聘之教師，除屬性侵害行為；性騷擾、性霸凌行為、行為違反相關法令且情節重大；體罰或霸凌學生造成其身心嚴重侵害者外，於解聘或不續聘生效日起算逾四年者，得聘任為教師。

第 14-1 條

學校教師評審委員會依第十四條規定作成教師解聘、停聘或不續聘之決議後，學校應自決議作成之日起十日內報請主管教育行政機關核准，並同時以書面附理由通知當事人。

教師解聘、停聘或不續聘案於主管教育行政機關核准前，其聘約期限屆滿者，學校應予暫時繼續聘任。

第 14-2 條

教師停聘期間，服務學校應予保留底缺，俟停聘原因消滅並經服務學校教師評審委員會審查通過後，回復其聘任關係。

教師依法停聘，於停聘原因未消滅前聘約期限屆滿者，學校教師評審委員會仍應依規定審查是否繼續聘任。

第 14-3 條

依第十四條規定停聘之教師，停聘期間應發給半數本薪（年功薪）；停聘原因消滅後回復聘任者，其本薪（年功薪）應予補發。但有下列情形之一者，不在此限：

一、教師受有期徒刑或拘役之執行或受罰金之判決而易服勞役者，其停聘期間不發給本薪（年功薪）。

二、教師依第十四條第四項規定停聘者，其停聘期間不發給本薪（年功薪），俟調查結果無此事實並回復聘任者，補發全部本薪（年功薪）。

第 15 條

因系、所、科、組、課程調整或學校減班、停辦、解散時，學校或主管教育行政機關對仍願繼續任教且有其他適當工作可以調任之合格教師，應優先輔導遷調或介聘；現職工作不適任或現職已無工作又無其他適當工作可以調任者或經公立醫院證明身體衰弱不能勝任工作者，報經主管教育行政機關核准後予以資遣。

第 15-1 條

學校或主管教育行政機關依前條規定優先輔導遷調或介聘之教師，經學校教師評審委員會審查發現有第十四條第一項各款情事之一者，其聘任得不予通過。

主管教育行政機關依國民教育法所訂辦法辦理遷調或介聘之教師，準用前項之規定。

第四章　權利義務

第 16 條

教師接受聘任後，依有關法令及學校章則之規定，享有下列權利：

一、對學校教學及行政事項提供興革意見。

二、享有待遇、福利、退休、撫卹、資遣、保險等權益及保障。

三、參加在職進修、研究及學術交流活動。

四、參加教師組織，並參與其他依法令規定所舉辦之活動。

五、對主管教育行政機關或學校有關其個人之措施，認為違法或不當致損害其權益者，得依法提出申訴。

六、教師之教學及對學生之輔導依法令及學校章則享有專業自主。

七、除法令另有規定者外，教師得拒絕參與教育行政機關或學校所指派與教

學無關之工作或活動。

八、教師依法執行職務涉訟時,其服務學校應延聘律師為其辯護及提供法律上之協助。

九、其他依本法或其他法律應享之權利。

前項第八款情形,教師因公涉訟輔助辦法,由教育部定之;另其涉訟係因教師之故意或重大過失所致者,教師應繳還涉訟輔助費用。

第 17 條

教師除應遵守法令履行聘約外,並負有下列義務:

一、遵守聘約規定,維護校譽。

二、積極維護學生受教之權益。

三、依有關法令及學校安排之課程,實施適性教學活動。

四、輔導或管教學生,導引其適性發展,並培養其健全人格。

五、從事與教學有關之研究、進修。

六、嚴守職分,本於良知,發揚師道及專業精神。

七、依有關法令參與學校學術、行政工作及社會教育活動。

八、非依法律規定不得洩漏學生個人或其家庭資料。

九、擔任導師。

十、其他依本法或其他法律規定應盡之義務。

前項第四款及第九款之辦法,由各校校務會議定之。

第 18 條

教師違反第十七條之規定者,各聘任學校應交教師評審委員會評議後,由學校依有關法令規定處理。

第 18-1 條

教師因婚、喪、疾病、分娩或其他正當事由,得依教師請假規則請假;其基於法定義務出席作證性侵害、性騷擾及霸凌事件,應給予公假。

前項教師請假規則,應包括教師請假假別、日數、請假程序、核定權責與違反之處理及其他相關事項,並由教育部定之。

第五章　待遇

第 19 條

教師之待遇分本薪（年功薪）、加給及獎金三種。

高級中等以下學校教師之本薪以學經歷及年資敘定薪級；專科以上學校教師之本薪以級別、學經歷及年資敘定薪級。

加給分為職務加給、學術研究加給及地域加給三種。

第 20 條

教師之待遇，另以法律定之。

第六章　進修與研究

第 21 條

為提昇教育品質，鼓勵各級學校教師進修、研究，各級主管教育行政機關及學校得視實際需要，設立進修研究機構或單位；其辦法由教育部定之。

第 22 條

各級學校教師在職期間應主動積極進修、研究與其教學有關之知能；教師進修研究獎勵辦法，由教育部定之。

第 23 條

教師在職進修得享有帶職帶薪或留職停薪之保障；其進修、研究之經費得由學校或所屬主管教育行政機關編列預算支應，其辦法由教育部定之。

第七章　退休、撫卹、離職、資遣及保險

第 24 條

教師之退休、撫卹、離職及資遣給付採儲金方式，由學校與教師共同撥繳費用建立之退休撫卹基金支付之，並由政府負擔最後支付保證責任。儲金制建立前之年資，其退休金、撫卹金、資遣金之核發依原有規定辦理。教師於服務一定年數離職時，應准予發給退休撫卹基金所提撥之儲金。

前項儲金由教師及其學校依月俸比例按月儲備之。

公私立學校教師互轉時，其退休、離職及資遣年資應合併計算。

第 25 條

教師退休撫卹基金之撥繳、管理及運用應設置專門管理及營運機構辦理。教師之退休、撫卹、離職、資遣及保險，另以法律定之。

第八章　教師組織

第 26 條

教師組織分為三級：在學校為學校教師會；在直轄市及縣（市）為地方教師會；在中央為全國教師會。

學校班級數少於二十班時，得跨區（鄉、鎮）合併成立學校教師會。

各級教師組織之設立，應依人民團體法規定向該管主管機關申請報備、立案。

地方教師會須有行政區內半數以上學校教師會加入，始得設立。全國教師會須有半數以上之地方教師會加入，始得成立。

第 27 條

各級教師組織之基本任務如下：

一、維護教師專業尊嚴與專業自主權。

二、與各級機關協議教師聘約及聘約準則。

三、研究並協助解決各項教育問題。

四、監督離職給付儲金機構之管理、營運、給付等事宜。

五、派出代表參與教師聘任、申訴及其他與教師有關之法定組織。

六、制定教師自律公約。

第 28 條

學校不得以不參加教師組織或不擔任教師組織職務為教師聘任條件。

學校不得因教師擔任教師組織職務或參與活動，拒絕聘用或解聘及為其他不

利之待遇。

<h1 style="text-align:center">第九章　申訴及訴訟</h1>

第 29 條

教師對主管教育行政機關或學校有關其個人之措施，認為違法或不當，致損其權益者，得向各級教師申訴評議委員會提出申訴。

教師申訴評議委員會之組成應包含該地區教師組織或分會代表及教育學者，且未兼行政教師不得少於總額的三分之二，但有關委員本校之申訴案件，於調查及訴訟期間，該委員應予迴避；其組織及評議準則由教育部定之。

第 30 條

教師申訴評議委員會之分級如下：

一、專科以上學校分學校及中央兩級。

二、高級中等以下學校分縣（市）、省（市）及中央三級。

第 31 條

教師申訴之程序分申訴及再申訴二級。

教師不服申訴決定者，得提起再申訴。學校及主管教育行政機關不服申訴決定者亦同。

第 32 條

申訴案件經評議確定者，主管教育行政機關應確實執行，而評議書應同時寄達當事人、主管機關及該地區教師組織。

第 33 條

教師不願申訴或不服申訴、再申訴決定者，得按其性質依法提起訴訟或依訴願法或行政訴訟法或其他保障法律等有關規定，請求救濟。

<h1 style="text-align:center">第十章　附則</h1>

第 34 條

本法實施前已取得教師資格之教師，其資格應予保障。

第 35 條

各級學校兼任教師之資格檢定與審定,依本法之規定辦理。

兼任、代課及代理教師之權利、義務,由教育部訂定辦法規定之。

各級學校專業、技術科目教師及擔任軍訓護理課程之護理教師,其資格均依教育人員任用條例之規定辦理。

第 35-1 條

前條第三項之護理教師,其解職、申訴、進修、待遇、福利、資遣事項,準用教師相關法令規定。

經主管教育行政機關介派之護理教師具有健康與護理科合格教師資格者,主管教育行政機關得辦理介聘為健康與護理科教師;其介聘辦法,由教育部定之。

第 36 條

本法各相關條文之規定,於公立幼兒園及已完成財團法人登記之私立幼兒園專任教師準用之。

未辦理財團法人登記之私立幼兒園專任教師,除第二十四條、第二十五條規定外,得準用本法各相關條文之規定。

第 36-1 條

各級學校校長,得準用教師申訴之規定提起申訴。

第 37 條

本法授權教育部訂定之各項辦法,教育部應邀請全國教師會代表參與訂定。

第 38 條

本法施行細則,由教育部定之。

第 39 條

本法自公布日施行。但待遇、退休、撫卹、離職、資遣、保險部分之施行日期,由行政院以命令定之;中華民國九十八年十一月六日修正之條文,自九十八年十一月二十三日施行。

附錄 2
教師法施行細則

修正日期：民國 103 年 05 月 09 日

法規類別：行政 > 教育部 > 師資培育及藝術教育目

第 1 條

本細則依教師法（以下簡稱本法）第三十八條規定訂定之。

第 2 條

（刪除）

第 3 條

軍警學校依教育人員任用條例規定聘任之專任教師，除法律另有規定者外，適用本法。

第 4 條

本法第五條第二項所稱實習教師證書，應記載下列事項，並粘貼最近三個月一吋半身正面相片及加蓋鋼印。

一、姓名。

二、出生年、月、日。

三、國民身分證統一編號。

四、初檢結果。

五、證書字號。

六、發給證書之年、月、日。

前項實習教師證書之格式,由直轄市政府教育局及縣(市)政府訂定,並製發。

第 5 條

本法第七條第一項所稱複檢工作,由直轄市政府教育局及縣(市)政府設教師資格檢定委員會辦理。

第 6 條

本法第七條第三項所稱教師合格證書,應記載下列事項,並粘貼最近三個月一吋半身正面相片及加蓋鋼印:

一、姓名。

二、出生年、月、日。

三、國民身分證統一編號。

四、檢定結果。

五、證書字號。

六、發給證書之年、月、日。

第 7 條

本法第九條所稱教師證書,應記載下列事項,並粘貼最近三個月一吋半身正面相片及加蓋鋼印:

一、姓名。

二、出生年、月、日。

三、國民身分證統一編號。

四、審定等級。

五、證書字號。

六、年資起算。

七、送審學校。

八、發給證書之年、月、日。

第 8 條

前二條之證書,其格式由教育部統一訂定。

第 9 條

學校依本法第九條第二項辦理複審合格後，報請教育部發給教師證書。

第 10 條

（刪除）

第 11 條

本法所稱初聘，係指實習教師或合格教師接受學校第一次聘約或離職後重新
接受學校聘約者。

第 12 條

本法所稱續聘，係指合格教師經學校初聘後，在同一學校繼續接受聘約者。

第 13 條

本法第十一條第三項所稱專科以上學校教師之聘任，係指初聘、續聘及長期
聘任。

第 14 條

本法施行前依法派任及已取得教師資格之現任教師，依本法第十三條規定辦
理聘任時，其原派、聘任年資應予併計。

第 15 條

本法第十三條所稱服務成績優良者，係指高級中等以下學校教師除履行本法
第十七條所規定之義務外，並應具有下列條件之一：

一、品德良好有具體事蹟，足為師生表率。

二、積極參加與教學、輔導有關之研究及進修，對教學及輔導學生有具體績
　　效。

三、參與學校學術、行政工作及社會教育活動，負責盡職，圓滿達成任務，
　　對學校有特殊貢獻。

第 16 條

本法第十四條所稱解聘、停聘或不續聘，其定義如下：

一、解聘：指教師在聘約存續期間，經服務學校依規定程序，終止聘約。

二、停聘：指教師在聘約存續期間，經服務學校依規定程序，停止聘約之執

行。

三、不續聘：指教師經服務學校依規定程序，於聘約期限屆滿時不予續聘。

第 17 條

（刪除）

第 18 條

（刪除）

第 19 條

（刪除）

第 20 條

（刪除）

第 21 條

本法第十五條有關資遣原因之認定，由學校教師評審委員會審查。

第 22 條

本法第十六條所稱學校章則，係指各級學校依法令或本於職權經學校校務會議通過，並按規定程序公告實施之規定。

第 23 條

本法第十六條第三款所稱在職進修，係指與教師教學、研究及輔導有關之進修。

第 24 條

本法第十七條第一項第一款所定聘約，得由主管教育行政機關訂定聘約準則。各級教師會並得依本法第二十七條第二款規定，與各級主管教育行政機關協議聘約準則。

教師聘約內容，應符合各級學校聘約準則之規定。

第 24-1 條

（刪除）

第 24-2 條

（刪除）

第 24-3 條

（刪除）

第 25 條

本法第二十六條第一項所稱學校教師會、地方教師會、全國教師會，其定義如下：

一、學校教師會：係指各級學校專任教師所組成之職業團體。

二、地方教師會：係指於直轄市、縣（市）區域內以學校教師會為會員所組成之職業團體。

三、全國教師會：係指由各地方教師會為會員所組成之職業團體。

第 26 條

學校教師會由同一學校（含附設幼兒園）專任教師三十人以上依人民團體法規定組成之，冠以學校名稱，執行本法第二十七條各款任務。

學校（含附設幼兒園）班級數少於二十班時，得跨校、跨區（鄉、鎮），由同級學校專任教師三十人以上依人民團體法規定組成之。其名稱由共同組成之學校教師協調訂定。

依第一項規定成立學校教師會之學校，其教師不得再跨校、跨區（鄉、鎮）參加學校教師會。

第 27 條

各級教師會應於成立大會後三十日內，檢具大會紀錄、章程、會員及負責人名冊，報請所在地人民團體主管機關備案。

前項人民團體主管機關於備案後，除發給證書及圖記外，並通知當地主管教育行政機關。

第 28 條

地方教師會以直轄市、縣（市）為其組織區域，並冠以各該區域之名稱；全國教師會應冠以中華民國國號。

第 29 條

本法第二十六條第四項前段所稱行政區內半數以上學校教師會之計算，係指

行政區內二十班以上之各級學校（含幼兒園）之半數。

第 30 條

本法第三十四條所稱已取得教師資格之教師，係指具有下列各款情形之一
者：

一、在專科以上學校，係指已取得教育部所頒發之教師證書者。

二、在高級中等以下學校，係指已取得主管教育行政機關所頒發之教師合格
　　證書且尚在有效期間或在本法施行前已具有該級該類科教師登記資格
　　者。

前項第二款所稱有效期間及已具有該級該類科教師登記資格者，其認定依高
級中等以下學校及幼稚園教師資格檢定及教育實習辦法之規定。

第 31 條

本細則自發布日施行。

附錄 3
師資培育法

修正日期：民國 103 年 06 月 04 日
法規類別：行政 > 教育部 > 師資培育及藝術教育目

第 1 條

為培育高級中等以下學校及幼稚園師資，充裕教師來源，並增進其專業知能，特制定本法。

第 2 條

師資培育應著重教學知能及專業精神之培養，並加強民主、法治之涵泳與生活、品德之陶冶。

第 3 條

本法用詞定義如下：

一、主管機關：在中央為教育部；在直轄市為直轄市政府；在縣（市）為縣（市）政府。

二、師資培育之大學：指師範校院、設有師資培育相關學系或師資培育中心之大學。

三、師資職前教育課程：指參加教師資格檢定前，依本法所接受之各項有關課程。

第 4 條

中央主管機關應設師資培育審議委員會，辦理下列事項：

一、關於師資培育政策之建議及諮詢事項。

二、關於師資培育計畫及重要發展方案之審議事項。

三、關於師範校院變更及停辦之審議事項。

四、關於師資培育相關學系認定之審議事項。

五、關於大學設立師資培育中心之審議事項。

六、關於師資培育教育專業課程之審議事項。

七、關於持國外學歷修畢師資職前教育課程認定標準之審議事項。

八、關於師資培育評鑑及輔導之審議事項。

九、其他有關師資培育之審議事項。

前項委員會之委員應包括中央主管機關代表、師資培育之大學代表、教師代表及社會公正人士；其設置辦法，由中央主管機關定之。

第 5 條

師資培育，由師範校院、設有師資培育相關學系或師資培育中心之大學為之。

前項師資培育相關學系，由中央主管機關認定之。

大學設立師資培育中心，應經中央主管機關核准；其設立條件與程序、師資、設施、招生、課程、修業年限及停辦等相關事項之辦法，由中央主管機關定之。

第 6 條

師資培育之大學辦理師資職前教育課程，應按中等學校、國民小學、幼稚園及特殊教育學校（班）師資類科分別規劃，並報請中央主管機關核定後實施。

為配合教學需要，中等學校、國民小學師資類科得依前項程序合併規劃為中小學校師資類科。

第 7 條

師資培育包括師資職前教育及教師資格檢定。

師資職前教育課程包括普通課程、專門課程、教育專業課程及教育實習課

程。

前項專門課程，由師資培育之大學擬定，並報請中央主管機關核定。

第二項教育專業課程，包括跨師資類科共同課程及各師資類科課程，經師資
培育審議委員會審議，中央主管機關核定後實施。

第 8 條

修習師資職前教育課程者，含其本學系之修業期限以四年為原則，並另加教
育實習課程半年。成績優異者，得依大學法之規定提前畢業。但半年之教育
實習課程不得減少。

第 9 條

各大學師資培育相關學系之學生，其入學資格及修業年限，依大學法之規
定。

設有師資培育中心之大學，得甄選大學二年級以上及碩、博士班在校生修習
師資職前教育課程。

師資培育之大學，得視實際需要報請中央主管機關核定後，招收大學畢業
生，修習師資職前教育課程至少一年，並另加教育實習課程半年。

前三項學生修畢規定之師資職前教育課程，成績及格者，由師資培育之大學
發給修畢師資職前教育證明書。

第 10 條

持國外大學以上學歷者，經中央主管機關認定其已修畢第七條第二項之普通
課程、專門課程及教育專業課程者，得向師資培育之大學申請參加半年教育
實習，成績及格者，由師資培育之大學發給修畢師資職前教育證明書。

前項認定標準，由中央主管機關定之。

第 11 條

大學畢業依第九條第四項或前條第一項規定取得修畢師資職前教育證明書
者，參加教師資格檢定通過後，由中央主管機關發給教師證書。

前項教師資格檢定之資格、報名程序、應檢附之文件資料、應繳納之費用、
檢定方式、時間、錄取標準及其他應遵行事項之辦法，由中央主管機關定

之。

已取得第六條其中一類科合格教師證書，修畢另一類科師資職前教育課程之普通課程、專門課程及教育專業課程，並取得證明書者，由中央主管機關發給該類科教師證書，免依規定修習教育實習課程及參加教師資格檢定。

第 12 條

中央主管機關辦理教師資格檢定，應設教師資格檢定委員會。必要時，得委託學校或有關機關（構）辦理。

第 13 條

師資培育以自費為主，兼採公費及助學金方式實施，公費生畢業後，應至偏遠或特殊地區學校服務。

公費與助學金之數額、公費生之公費受領年限、應訂定契約之內容、應履行及其應遵循事項之義務、違反義務之處理、分發服務之辦法，由中央主管機關定之。

第 14 條

取得教師證書欲從事教職者，除公費生應依前條規定分發外，應參加與其所取得資格相符之學校或幼稚園辦理之教師公開甄選。

第 15 條

師資培育之大學應有實習就業輔導單位，辦理教育實習、輔導畢業生就業及地方教育輔導工作。

前項地方教育輔導工作，應結合各級主管機關、教師進修機構及學校或幼稚園共同辦理之。

第 16 條

高級中等以下學校、幼稚園及特殊教育學校（班）應配合師資培育之大學辦理全時教育實習。主管機關應督導辦理教育實習相關事宜，並給予必要之經費與協助。

第 17 條

師資培育之大學得設立與其培育之師資類科相同之附設實驗學校、幼稚園或

特殊教育學校（班），以供教育實習、實驗及研究。

第 18 條

師資培育之大學，向學生收取費用之項目、用途及數額，不得逾中央主管機關之規定，並應報經中央主管機關核定後實施。

第 19 條

主管機關得依下列方式，提供高級中等以下學校及幼稚園教師進修：

一、單獨或聯合設立教師進修機構。

二、協調或委託師資培育之大學開設各類型教師進修課程。

三、經中央主管機關認可之社會教育機構或法人開辦各種教師進修課程。

前項第二款師資培育之大學得設專責單位，辦理教師在職進修。

第一項第三款之認可辦法，由中央主管機關定之。

第 20 條

中華民國八十三年二月九日本法修正生效前，依師範教育法考入師範校院肄業之學生，其教師資格之取得與分發，仍適用修正生效前之規定。

本法修正施行前已修畢師資培育課程者，其教師資格之取得，自本法修正施行之日起六年內，得適用本法修正施行前之規定。但符合中華民國九十年六月二十九日修正生效之高級中等以下學校及幼稚園教師資格檢定及教育實習辦法第三十二條、第三十三條規定者，自本法修正施行之日起二年內，得適用原辦法之規定。

本法修正施行前已修習而尚未修畢師資培育課程者，其教師資格之取得，得依第八條及第十一條規定辦理，或自本法修正施行之日起十年內，得適用本法修正施行前之規定。但符合中華民國九十年六月二十九日修正生效之高級中等以下學校及幼稚園教師資格檢定及教育實習辦法第三十二條、第三十三條規定者，自本法修正施行之日起六年內，得適用原辦法之規定。

第 21 條

八十九學年度以前修習大學二年制在職進修專班師資職前教育課程之代理教師，初檢合格取得實習教師證書者，得依中華民國九十年六月二十九日

修正生效之高級中等以下學校及幼稚園教師資格檢定及教育實習辦法第
三十二條、第三十三條規定,並得自本法修正施行之日起四年內,適用原辦
法之規定。

依中小學兼任代課及代理教師聘任辦法聘任之代課及代理教師,符合下列各
款規定者,得免依規定修習教育實習課程,於參加教師資格檢定通過後,由
中央主管機關發給該類科教師證書:

一、最近七年內任教一學年以上或每年連續任教三個月以上累計滿一年。前
　　開年資以同一師資類科為限。

二、大學畢業,修畢與前款同一師資類科師資職前教育課程之普通課程、專
　　門課程及教育專業課程,並取得證明書。

三、經服務學校出具具備教學實習、導師(級務)實習、行政實習及研習活
　　動專業知能之證明文件。

前項規定之適用,自本法修正施行之日起至中華民國九十六年七月三十一日
止。

第 22 條

取得合格偏遠或特殊地區教師證書,並繼續擔任教職者,由中央主管機關協
調師資培育之大學,於本法修正施行後三年內專案辦理教育專業課程,提供
其進修機會。

前項合格偏遠或特殊地區修畢規定之教育專業課程者,得報請主管機關換發
一般地區教師證書,免參加資格檢定及參加教育實習。

取得合格偏遠或特殊地區教師證書並擔任教職累積五年以上者,不用修習第
一項所指稱的教育專業課程,亦得報請主管機關換發一般地區教師證書,免
參加資格檢定及參加教育實習。

第 23 條

本法修正施行前進用之現職高級中等學校護理教師,具有大學畢業學歷且持
有中央主管機關發給之護理教師證書,並繼續擔任教職者,由中央主管機關
協調師資培育之大學,於本法修正施行後六年內,專案辦理師資職前教育課

程，提供其進修機會。

前項護理教師修畢規定之師資職前教育課程，得以任教年資二年折抵教育實習，並得適用本法修正施行前之規定，取得合格教師證書。

本法修正施行前進用之現職大專校院護理教師，具有大學畢業學歷且持有中央主管機關發給之護理教師證書，並繼續擔任教職者，準用前二項之規定。

第 24 條

本法中華民國一百零三年五月二十日修正施行前已於立案之幼兒園實際從事教學及保育工作並繼續任職者，自修正施行之日起六年內，由中央主管機關協調師資培育之大學，專案辦理教育專業課程，提供其進修機會。

前項人員修畢教育專業課程及教育實習課程成績合格者，由師資培育之大學發給修畢師資職前教育證明書。但取得大學畢業學歷，且其最近七年內於立案之幼兒園、幼稚園或托兒所實際從事教學累計滿三年以上表現優良，經教學演示及格者，得免依規定修習教育實習課程，並自本法中華民國一百零三年五月二十日修正施行之日起十年內適用之。

本法中華民國一百零三年五月二十日修正施行前，已依幼稚園及托兒所在職人員修習幼稚園教師師資職前教育課程辦法規定修習幼教專班，且修正施行後仍在職者，得準用前項規定。

第一項及第二項應修課程、招生、免修習教育實習課程之認定及其他應遵行事項之辦法，由中央主管機關定之。

第 25 條

本法施行細則，由中央主管機關定之。

第 26 條

本法自公布日施行。

本法修正條文施行日期，由行政院以命令定之。

師資培育法施行細則

修正日期：民國 100 年 01 月 04 日

法規類別：行政 > 教育部 > 師資培育及藝術教育目

第 1 條

本細則依師資培育法（以下簡稱本法）第二十五條規定訂定之。

第 2 條

師資培育之大學依本法第六條第二項規定合併規劃之中小學校師資類科，其教育專業課程、教育實習課程之修習及教師資格檢定之實施方式與內容，經師資培育審議委員會審議通過後，由中央主管機關定之。

第 3 條

本法第七條第二項規定用詞定義如下：

一、普通課程：學生應修習之共同課程。

二、專門課程：為培育教師任教學科、領域專長之專門知能課程。

三、教育專業課程：為培育教師依師資類科所需教育知能之教育學分課程。

四、教育實習課程：為培育教師之教學實習、導師（級務）實習、行政實習、研習活動之半年全時教育實習課程。

前項第三款教育專業課程及第四款教育實習課程，合稱教育學程。

第 4 條

依本法第八條、第九條第一項至第三項規定修習師資職前教育課程之學生，

符合下列情形之一者，始得參加半年之教育實習課程：

一、依大學法規定，取得大學畢業資格，並修畢普通課程、專門課程及教育專業課程，且非第二款之在校生。

二、取得學士學位之碩、博士班在校生，於修畢普通課程、專門課程及教育專業課程且修畢碩、博士畢業應修學分。

三、大學畢業後，依本法第九條第三項規定修畢普通課程、專門課程及教育專業課程。

第 5 條

本法第八條、第九條第三項及第十條第一項所定半年教育實習，以每年八月至翌年一月或二月至七月為起訖期間；其日期，由各師資培育之大學定之。

第 6 條

依本法第八條、第九條第一項及第二項規定修習師資職前教育課程之學生，依大學法規定，取得畢業資格者，得不繼續修習師資職前教育課程，先行畢業。

本法第九條第三項所定師資培育之大學招收大學畢業生，修習師資職前教育課程者，稱為學士後教育學分班。

前二項已修畢普通課程、專門課程及教育專業課程者，得自行向原師資培育之大學或其他開設有相同師資類科之師資培育大學，申請參加半年教育實習課程，成績及格者，由原師資培育之大學核發修畢師資職前教育證明書。但原師資培育之大學已停招或停辦者，得由辦理教育實習課程之師資培育大學會同原師資培育之大學核發修畢師資職前教育證明書。

第 7 條

已取得本法第六條中等學校類科合格教師證書，並依本法第十一條第三項規定修畢中等學校階段其他任教學科、領域專門課程者，由師資培育之大學發給任教專門課程認定證明書及專門課程學分表，並造具名冊報請中央主管機關發給該類科教師證書。

國民小學合格教師修畢國民小學階段任教領域專門課程者，得準用前項規定

辦理。

特殊教育中等學校及國民小學教育階段合格教師，得準用前二項規定辦理。

第 8 條

本法第十三條第一項所定偏遠或特殊地區學校，由直轄市、縣（市）主管機關按學校位置或不足類科師資需求認定後，報中央主管機關核定。

第 9 條

本法第十五條第一項所定實習就業輔導單位，應給予畢業生適當輔導，並建立就業資訊、諮詢及畢業生就業資料。

中央主管機關得協調師資培育之大學共同劃定輔導區，辦理地方教育輔導工作。

第 10 條

師資培育之大學應遴選辦理教育實習課程之高級中等以下學校、幼稚園及特殊教育學校（班）（以下簡稱教育實習機構），共同會商簽訂實習契約後，依本法第十六條規定配合辦理全時教育實習。

第 11 條

師資培育之大學為實施教育實習課程，應訂定實施規定，其內容包括下列事項：

一、師資培育之大學實習指導教師、教育實習機構及其實習輔導教師之遴選原則。

二、實習輔導方式、實習指導教師指導實習學生人數、實習輔導教師輔導實習學生人數、實習計畫內容、教育實習事項、實習評量項目與方式及實習時間。

三、學生實習時每週教學時間、權利義務及實習契約。

四、教育實習成績評量不及格之處理方式。

五、其他實施教育實習課程相關事項。

教育實習成績之評量，應包括教學演示成績，由師資培育之大學及教育實習機構共同評定，其比率各占百分之五十。

第 12 條

師資培育之大學辦理半年之教育實習課程，得依本法第十八條規定，向學生收取相當於四學分之教育實習輔導費。

第 13 條

師資培育之大學依本法第十九條第二項所設教師在職進修專責單位辦理之各項進修，其授予學位或發給學分證明書，除依本法相關規定外，並依大學法及學位授予法相關規定辦理。

第 14 條

本細則自中華民國九十二年八月一日施行。

本細則修正條文，自發布日施行。

附錄 5

教育人員任用條例

修正日期：民國 103 年 01 月 22 日

法規類別：行政＞教育部＞人事目

第一章　總則

第 1 條

教育人員之任用，依本條例行之。本條例未規定者，適用其他有關法律之規定。

第 2 條

本條例所稱教育人員為各公立各級學校校長、教師、職員、運動教練，社會教育機構專業人員及各級主管教育行政機關所屬學術研究機構（以下簡稱學術研究機構）研究人員。

第二章　任用資格

第 3 條

教育人員之任用，應注意其品德及對國家之忠誠；其學識、經驗、才能、體能，應與擬任職務之種類、性質相當。各級學校校長及社會教育機構、學術研究機構主管人員之任用，並應注重其領導能力。

第 4 條

國民小學校長應持有國民小學教師證書，並具下列資格之一：

一、曾任國民小學教師五年以上，及各級學校法規所定一級單位主管之學校行政工作三年以上。

二、曾任國民小學或國民中學教師三年以上或合計四年以上，及薦任第八職等以上或與其相當之教育行政相關工作二年以上。

三、曾任各級學校教師合計七年以上，其中擔任國民小學教師至少三年，及國民小學一級單位主管之學校行政工作二年以上。

前項第三款國民小學一級單位主管之學校行政工作年資，於師資培育之大學所設附屬國民小學校長，得為大學法規所定一級單位主管之學校行政工作年資。

第 5 條

國民中學校長應持有中等學校教師證書，並具下列資格之一：

一、曾任國民中學教師五年以上，及各級學校法規所定一級單位主管之學校行政工作三年以上。

二、曾任國民小學或中等學校教師三年以上或合計四年以上，及薦任第八職等以上或與其相當之教育行政相關工作二年以上。

三、曾任各級學校教師合計七年以上，其中擔任國民中學教師至少三年，及國民中學一級單位主管之學校行政工作二年以上。

師資培育之大學附設國民中學校長資格，除依前項各款規定辦理外，得曾任教育學院、系專任講師及中等學校教師各三年以上，並應持有中等學校教師證書；前項第三款國民中學一級單位主管之學校行政工作年資，並得為大學法規所定一級單位主管之學校行政工作年資。

持有國民中學主任甄選儲訓合格證書之高級中等學校附設國民中學部教師，其兼任高級中等學校主任者，得以該主任年資，採計為第一項第三款國民中學一級單位主管之學校行政工作年資。

第 6 條

高級中等學校校長應持有中等學校教師證書，並具下列資格之一：

一、曾任高級中等學校教師五年以上，及各級學校法規所定一級單位主管之學校行政工作三年以上。

二、曾任中等學校教師三年以上，及薦任第九職等以上或與其相當之教育行政相關工作二年以上。

三、曾任各級學校教師合計七年以上，其中擔任高級中等學校教師至少三年，及高級中等學校一級單位主管之學校行政工作二年以上。

師資培育之大學附設高級中等學校校長資格，除依前項各款規定辦理外，得曾任教育學院、系專任副教授或曾任與擬任職業學校性質相關學科專任副教授，及中等學校教師各二年以上，並具各級學校法規所定一級單位主管之學校行政工作一年以上，且應持有中等學校教師證書；前項第三款高級中等學校一級單位主管之學校行政工作年資，並得為大學法規所定一級單位主管之學校行政工作年資。

民族藝術高級中等學校校長資格，除依第一項各款規定辦理外，得曾任高級中等學校或專科以上學校之戲劇、藝術或其相關科、系（所、學程）教師二年以上，及各級學校法規所定主管職務、薦任第九職等以上或與其相當之教育、文化行政工作二年以上。

第 6-1 條

特殊教育學校校長應持有學校所設最高教育階段教師證書及具備特殊教育之專業知能，並具下列資格之一：

一、曾任特殊教育學校（班）教師五年以上，及各級學校法規所定一級單位主管之學校行政工作三年以上。

二、曾任特殊教育學校（班）教師三年以上，及薦任第九職等以上或與其相當之教育行政相關工作二年以上。

三、曾任各級學校教師合計七年以上，其中擔任特殊教育學校（班）教師至少三年，及高級中等以下學校一級單位主管之學校行政工作二年以

上。

第 7 條

（刪除）

第 8 條

專科學校校長應具下列第一款各目資格之一及第二款資格：

一、具下列資格之一：

（一）中央研究院院士。

（二）教授。

（三）曾任相當教授之教學、學術研究工作。

（四）曾任副教授三年以上。

（五）曾任相當副教授三年以上之教學、學術研究工作。

二、曾任學校、政府機關（構）或其他公民營事業機構之主管職務合計三年
以上。

第 9 條

（刪除）

第 10 條

大學校長應具下列第一款各目資格之一及第二款資格：

一、具下列資格之一：

（一）中央研究院院士。

（二）教授。

（三）曾任相當教授之教學、學術研究工作。

二、曾任學校、政府機關（構）或其他公民營事業機構之主管職務合計三年
以上。

獨立學院校長資格，除依前項各款規定辦理外，得以具有博士學位，並曾任
與擬任學院性質相關之專門職業，或簡任第十二職等以上或與其相當之教育
行政職務合計六年以上者充任之。

大學及獨立學院校長之資格除應符合前二項規定外，各校得因校務發展及特

殊專業需求,另定前二項以外之資格條件,並於組織規程中明定。

第 10-1 條

本條例中華民國一百年十一月十五日修正之條文施行前曾任或現任各級學校校長,或經公開甄選儲訓合格之國民中學、國民小學校長候用人員,或符合修正前高級中等以上學校校長聘任資格者,具有同級學校校長之聘任資格;主管教育行政機關已依修正前第四條、第五條規定資格辦理校長候用人員儲訓作業者,其儲訓合格之人員,亦同。

專科學校改制為技術學院設有專科部者,其校長得由原專科學校校長繼續擔任至任期屆滿為止。

本條例中華民國一百年十一月十五日修正之條文施行前,主管教育行政機關、學校或董事會已依修正前第四條至前條規定資格辦理校長遴選作業中者,其校長聘任資格得依修正前規定辦理。

第 11 條

師範大學、師範學院、師範專科學校、院長,除應具備本條例相關各條規定之資格外,並以修習教育者為原則。

第 12 條

國民小學教師應具有左列資格之一:

一、師範專科學校畢業者。

二、師範大學、師範學院各學系,或教育學院、系畢業者。

三、本條例施行前,依規定取得國民小學教師合格證書尚在有效期間者。

第 13 條

中等學校教師應具有左列資格之一:

一、師範大學、師範學院各系、所畢業者。

二、教育學院各系、所或大學教育學系、所畢業者。

三、大學或獨立學院各系、所畢業,經修習規定之教育學科及學分者。

四、本條例施行前,依規定取得中等學校教師合格證書尚在有效期間者。

第 14 條

大學、獨立學院及專科學校教師分為教授、副教授、助理教授、講師。大
學、獨立學院及專科學校教師應具有專門著作在國內外知名學術或專業刊物
發表，或已為接受且出具證明將定期發表，或經出版公開發行，並經教育部
審查其著作合格者，始得升等；必要時，教育部得授權學校辦理審查。

大學、獨立學院及專科學校體育、藝術、應用科技等以技能為主之教師聘任
或升等，得以作品、成就證明或技術報告代替專門著作送審。

大學、獨立學院及專科學校教師之聘任、升等均應辦理資格審查；其審查辦
法由教育部定之。

第 15 條

大學、獨立學院及專科學校得聘任助教協助教學及研究工作。

助教應具有左列資格之一：

一、大學或獨立學院畢業，成績優良者。

二、三年制專科學校畢業，曾從事與所習學科有關之研究工作、專門職業或
　　職務二年以上；或二年制、五年制專科學校畢業，曾從事與所習學科
　　有關之研究工作、專門職業或職務三年以上，成績優良者。

第 16 條

講師應具有左列資格之一：

一、在研究院、所研究，得有碩士學位或其同等學歷證書，成績優良者。

二、大學或獨立學院畢業，曾任助教擔任協助教學或研究工作四年以上，成
　　績優良，並有專門著作者。

三、大學或獨立學院畢業，曾從事與所習學科有關之研究工作、專門職業或
　　職務六年以上，成績優良，並有專門著作者。

第 16-1 條

助理教授應具有左列資格之一：

一、具有博士學位或其同等學歷證書，成績優良，並有專門著作者。

二、具有碩士學位或其同等學歷證書，曾從事與所習學科有關之研究工作、

專門職業或職務四年以上，成績優良，並有專門著作者。

三、大學或獨立學院醫學系、中醫學系、牙醫學系畢業，擔任臨床工作九年
　　以上，其中至少曾任醫學中心主治醫師四年，成績優良，並有專門著
　　作者。

四、曾任講師三年以上，成績優良，並有專門著作者。

第 17 條

副教授應具有左列資格之一：

一、具有博士學位或其同等學歷證書，曾從事與所習學科有關之研究工作、
　　專門職業或職務四年以上，並有專門著作者。

二、曾任助理教授三年以上，成績優良，並有專門著作者。

第 18 條

教授應具有左列資格之一：

一、具有博士學位或其同等學歷證書，曾從事與所習學科有關之研究工作、
　　專門職業或職務八年以上，有創作或發明，在學術上有重要貢獻或重
　　要專門著作者。

二、曾任副教授三年以上，成績優良，並有重要專門著作者。

第 19 條

在學術上有傑出之貢獻，並經教育部學術審議會委員二分之一以上出席及出
席委員四分之三以上之決議通過者，得任大學、獨立學院或專科學校教師，
不受前四條規定之限制。

第 20 條

偏遠或特殊地區之學校校長、教師之資格及專業科目、技術科目、特殊科目
教師及稀少性科技人員之資格，由教育部定之。

在民國八十三年二月七日前已考進師範學院幼教系及八十四年十一月十六
日前已考進師範學院進修部幼教系肄業之師範生，參加偏遠地區國民小學教
師甄試，其教育學科及學分之採計，由原就讀之師資培育機構依實質認定原
則處理之。

參加八十九學年度各縣市偏遠地區國小教師甄試錄取未獲介聘，符合前項規定者，應比照辦理。

第 21 條

學校職員之任用，依其職務類別，分別適用公務人員任用法或技術人員任用條例之規定，並辦理銓敘審查。

本條例施行前已遴用之學校編制內現任職員，其任用資格適用原有關法令規定，並得在各學校間調任。

各學校編制內現任職員，在本條例修正施行前，已具有公務人員或技術人員法定任用資格者，依現職改任換敘；其改任換敘辦法由考試院會同行政院定之。

學校人事人員及主計人員之任用，分別依照各該有關法律規定辦理。

公立學校職員升等考試規則由考試院定之。

第 22 條

社會教育機構專業人員及學術研究機構研究人員之聘任資格，依其職務等級，準用各級學校教師之規定。

前項機構一般行政人員之任用資格，依公務人員有關法規之規定。

第 22-1 條

各級學校專任運動教練之資格，由中央體育主管機關定之；聘任程序及聘期，由中央主管機關定之。

第三章　任用程序

第 23 條

（刪除）

第 24 條

（刪除）

第 25 條

（刪除）

第 26 條

各級學校教師之聘任，應本公平、公正、公開之原則辦理，其程序如左：

一、高級中等以下學校教師除依法令分發者外，由校長就經公開甄選之合格
　　人員中，提請教師評審委員會審查通過後聘任。

二、專科學校教師經科務會議，由科主任提經教師評審委員會評審通過後，
　　報請校長聘任。

三、大學、獨立學院各學系、研究所教師，學校應於傳播媒體或學術刊物刊
　　載徵聘資訊後，由系主任或所長就應徵人員提經系（所）、院、校教
　　師評審委員會評審通過後，報請校長聘任。

前項教師評審委員會之設置辦法，除專科以上學校由學校組織規程規定外，
其辦法由教育部定之。

第 27 條

國民中、小學校長之遴選，除依法兼任者外，應就合格人員以公開方式甄選
之。

中等學校教師，除分發者外，亦同。

第 28 條

學校職員之任用程序，除主計人員、人事人員分別依各該有關法律規定辦理
外，由校長就合格人員中任用，並報主管教育行政機關核備。

第 29 條

社會教育機構專業人員、學術研究機構研究人員，由各該首長遴選合格人
員，報請主管教育行政機關核准後聘任。

第 30 條

學校教師經任用後，應依左列程序，報請審查其資格：

一、國民中、小學教師應送由服務學校報請該管縣（市）政府轉報省教育廳
　　審查。

二、高級中等學校教師應送由服務學校轉報省教育廳審查。

三、直轄市所屬公私立中、小學教師應送由服務學校轉報市教育局審查。

四、師範校院，設有教育院、系之大學附屬中、小學及國立中等學校教師，應送由服務學校層轉所在地區之省（市）教育廳（局）審查。

五、專科以上學校教師應送由服務學校轉報教育部審查。教師資格審查、登記辦法由教育部定之。

第 30-1 條

本條例修正施行前已取得講師、助教證書之現職人員，如繼續任教而未中斷，得逐依原升等辦法送審，不受大學法第二十九條之限制。社會教育機構專業人員及學術研究機構研究人員原依本條例聘任者，得比照辦理。

第四章　任用限制

第 31 條

具有下列情事之一者，不得為教育人員；其已任用者，應報請主管教育行政機關核准後，予以解聘或免職：

一、曾犯內亂、外患罪，經有罪判決確定或通緝有案尚未結案。

二、曾服公務，因貪污瀆職經有罪判決確定或通緝有案尚未結案。

三、曾犯性侵害犯罪防治法第二條第一項所定之罪，經有罪判決確定。

四、依法停止任用，或受休職處分尚未期滿，或因案停止職務，其原因尚未消滅。

五、褫奪公權尚未復權。

六、受監護或輔助宣告尚未撤銷。

七、經合格醫師證明有精神病尚未痊癒。

八、經學校性別平等教育委員會或依法組成之相關委員會調查確認有性侵害行為屬實。

九、經學校性別平等教育委員會或依法組成之相關委員會調查確認有性騷擾或性霸凌行為，且情節重大。

十、知悉服務學校發生疑似校園性侵害事件，未依性別平等教育法規定通報，致再度發生校園性侵害事件；或偽造、變造、湮滅或隱匿他人所

犯校園性侵害事件之證據，經有關機關查證屬實。

十一、偽造、變造或湮滅他人所犯校園毒品危害事件之證據，經有關機關查證屬實。

十二、體罰或霸凌學生，造成其身心嚴重侵害。

十三、行為違反相關法令，經有關機關查證屬實。

教育人員有前項第十三款規定之情事，除情節重大者及教師應依教師法第十四條規定辦理外，其餘經議決解聘或免職者，應併審酌案件情節，議決一年至四年不得聘任為教育人員，並報主管教育行政機關核定。

第一項教育人員為校長時，應由主管教育行政機關予以解聘，其涉及第八款或第九款之行為，應由主管機關之性別平等教育委員會或依法組成之相關委員會調查之。

被告為教育人員之性侵害刑事案件，其主管教育行政機關或所屬學校得於偵查或審判中，聲請司法機關提供案件相關資訊，並通知其偵查、裁判結果。但其妨害偵查不公開、足以妨害另案之偵查、違反法定保密義務，或有害被告訴訟防禦權之行使者，不在此限。

為避免聘任之教育人員有第一項第一款至第十二款及第二項規定之情事，各主管機關及各級學校應依規定辦理通報、資訊之蒐集及查詢；其通報、資訊之蒐集、查詢及其他應遵行事項之辦法，由教育部定之。

本條例中華民國一百零三年一月三日修正之條文施行前，因行為不檢有損師道，經有關機關查證屬實而解聘或免職之教育人員，除屬性侵害行為；性騷擾、性霸凌行為、行為違反相關法令，且情節重大；體罰或霸凌學生造成其身心嚴重侵害者外，於解聘或免職生效日起算逾四年者，得聘任為教育人員。

第 32 條

各級學校校長不得任用其配偶或三親等以內血親、姻親為本校職員或命與其具有各該親屬關係之教師兼任行政職務。但接任校長前已在職者，屬於經管財務之職務，應調整其職務或工作；屬於有任期之職務，得續任至任期屆

滿。

第 33 條

有痼疾不能任事，或曾服公務交代未清者，不得任用為教育人員。已屆應即退休年齡者，不得任用為專任教育人員。

第 34 條

專任教育人員，除法令另有規定外，不得在外兼課或兼職。

第 34-1 條

專任教育人員，除法律另有規定外，因育嬰、侍親、進修、借調或其他情事，經服務之學校、機構或主管教育行政機關核准後，得辦理留職停薪。前項教育人員留職停薪之事由、核准程序、期限、次數、復職及其他應遵行事項之辦法，由教育部定之。

第 35 條

第三十二條之規定，於社會教育機構、學術研究機構首長準用之。

第五章　任期

第 36 條

各級學校校長均採任期制，其任期應依相關法規規定。

前項校長卸任後，持有教師證書者，得免經教師評審委員會審議，依下列規定回任教師：

一、專科以上學校校長：逕行回任原校教師。

二、高級中等以下學校校長：依各級各類學校法律之規定辦理。

第 37 條

專科以上學校教師之聘期，初聘為一年，續聘第一次為一年，以後續聘，每次均為二年。

中等學校教師之聘期，初聘為一年，以後續聘，每次均為二年。

第 38 條

學校在聘約有效期間內，除教師違反聘約或因重大事故報經主管教育行政機

關核准者外，不得解聘。

教師在聘約有效期間內，非有正當事由，不得辭聘。

第 39 條

（刪除）

第六章　附則

第 40 條

學校校長、教師及運動教練之職務等級表，由教育部定之；學校職員之官等、職等及職務列等，適用公務人員任用法之規定。

本條例施行前遴用之職員適用之原有薪級表，得配合相當職務列等予以修正。

第 41 條

私立學校校長、教師之任用資格及其審查程序，準用本條例之規定。但宗教研修學院校長，得以大學畢業，具有宗教研修教學經驗十年以上及宗教事業機構主管職務經驗六年以上者充任之。

第 41-1 條

高級中等以上學校擔任軍訓護理課程之護理教師，其資格、遴選、介派（聘）、遷調辦法，由中央主管機關定之。

第 42 條

本條例施行細則，由教育部定之。

第 43 條

本條例自公布日施行。

本條例中華民國九十八年十月二十三日修正之條文，自九十八年十一月二十三日施行。

筆記欄

筆記欄

筆記欄

筆記欄

國家圖書館出版品預行編目（CIP）資料

師資培育白皮書解說：理念與策略／楊思偉等著.
--初版.--臺北市：心理, 2015.07
面；　公分.--（教育行政系列；41432）
ISBN　978-986-191-662-0（平裝）

1.師資培育　2.白皮書

522.6　　　　　　　　　　　　　　　104010939

教育行政系列 41432

師資培育白皮書解說：理念與策略

作　　　者：楊思偉、陳木金、張德銳、黃嘉莉、林政逸、陳盛賢、葉川榮
責任編輯：郭佳玲
總 編 輯：林敬堯
發 行 人：洪有義
出 版 者：心理出版社股份有限公司
地　　　址：231 新北市新店區光明街 288 號 7 樓
電　　　話：(02) 29150566
傳　　　真：(02) 29152928
郵撥帳號：19293172　心理出版社股份有限公司
網　　　址：http://www.psy.com.tw
電子信箱：psychoco@ms15.hinet.net
駐美代表：Lisa Wu（lisawu99@optonline.net）
排 版 者：臻圓打字印刷有限公司
印 刷 者：昕皇企業有限公司
初版一刷：2015 年 7 月
I S B N：978-986-191-662-0
定　　　價：新台幣 200 元